Jean-Michel Groult

1001 *secrets* de jardiniers

prat éditions

Imprimé sur papier 100 % recyclé

Division de Reed Business Information - SAS au capital de 4 099 168 €
2, rue Maurice-Hartmann, 92133 Issy-les-Moulineaux Cedex

Président : Antoine Duarte - Directeur de publication : Antoine Duarte

Composition : Maryse Claisse

ISBN : 978-2-8095-0105-6

ISSN : 1771-9895

Du potager jusqu'au cabanon, des récoltes jusqu'au confort du jardinier, je vous propose ici toutes les « ficelles » qui vous feront gagner du temps ou de l'argent, quand ce n'est pas les deux. Pourtant, à travers ce recueil fourmillant, vous pourrez vous étonner de l'absence de trucs que l'on vous avait appris par ailleurs. Pourquoi ? Parce que je n'ai indiqué que des trucs et astuces que j'ai moi-même testés ou vus employer par mes parents, mes grands-parents et les anciens qui ont peuplé mon enfance. Je ne vous livre ici que des conseils efficaces, loin des incantations dérisoires (« l'ail éloigne la cloque du pêcher ») que personne n'a sérieusement testées. Certaines astuces classiques peuvent être décevantes, ou ne marcher qu'un temps. Je vous l'ai indiqué lorsque cela s'imposait.

Toutes les astuces que je vous livre ici sont écologiques et respectent la vie du jardin. J'ai une sainte horreur des remèdes plus dangereux que le mal, comme par exemple l'emploi de naphtaline pour éloigner telle bestiole, alors qu'on sait que ce produit est cancérigène ! Si vous aimez récolter des produits sains, admirer les papillons et contempler le bal des oiseaux dans les taillis, ce livre est fait pour vous !

Jean-Michel Groult

Fruits et légumes à pleins paniers

Potager sans contrariété !

Au verger

Aromatiques pas dramatiques

Fleurs et beautés du jardin

Plantes à malice

Mazette les massifs

Pour des fleurs plus belles

Potées et bouquets

Des belles d'intérieur

Des potées pas empotées

C'est le bouquet !

Voyez la vie en vert

Haies, gazon et compagnie

Les arbres

Les bassins

Soigner le jardin en simplicité

Fertiliser futé

Croissez et multipliez

Arrosage, outils et tuteurs

S.O.S. pépins au jardin

Autour du jardin

Aménager le jardin

Graines de jardiniers

À la cuisine

Les animaux

Météo, confort et santé

Des secrets bien gardés

Vos meilleurs trucs à vous

Fruits et légumes à pleins paniers

Récolter ses fruits et ses légumes, quel bonheur ! Oui, mais c'est aussi du travail. Il n'est donc pas interdit de se simplifier la vie… J'aime surtout les méthodes qui m'évitent de me fatiguer, ou qui utilisent des récoltes que d'autres auraient considérées comme perdues. Et puis, un potager ou un verger se doit aussi d'être accueillant… pour les abeilles et autres auxiliaires. Que vivent donc, près des potagères et des fruitiers, les fleurs et autres plantes exubérantes !

1
1
1
2
2
3
3
3
4
4

Potager sans contrariété !

Elles ont la patate

récoltes successives

Dans ma famille, il est de tradition de faire plusieurs récoltes sur un même rang de pommes de terre. Pour cela, on les butte généreusement lorsque les plants ont 10 cm de haut. Lorsqu'ils ont bien grandi, on fouille au pied mais sans arracher le plant, juste pour en extraire les ***jeunes tubercules***, sublimes lorsqu'on les passe à la poêle, après la récolte.

L'opération peut être renouvelée un mois plus tard. Après, on laisse les plants tranquilles : ils végètent et on les récolte par arrachage, lorsque les tiges fanent.

économique

On peut couper ses pommes de terre de semence en quatre lorsqu'on en manque : il faut que chaque portion comporte au moins un œil (***un germe***). Frottez la chair à nu avec de la cendre et laissez cicatriser au moins 10 jours avant de planter. Cela vaut pour les radins ou lorsqu'on a affaire à une variété qui produit peu, comme la 'Vitelotte', à chair violette (et farineuse, d'ailleurs).

germes

Laissées à elles-mêmes, les pommes de terre produisent de longs germes, mais de façon désordonnée. Je préfère les placer dans de vieilles boîtes à œufs, à l'humidité et à la lumière. Elles y germent mieux et mes plants ont l'air plus « pro ».

doryphores

Problème de feuilles grignotées ? Ce ravageur se fait pourtant de plus en plus rare ! Point n'est besoin de sortir la grosse artillerie (même s'il existe un traitement bio contre le doryphore). Il suffit de prendre un marteau, une planchette et d'occire tous les adultes et les larves que l'on rencontre. Chez moi, je n'ai jamais eu de problème, car en inspectant régulièrement les cultures, j'ai toujours pu éliminer les premiers individus avant qu'ils n'aient le temps de pondre.

gale

Le vrai problème des pommes de terre, c'est la gale, qui déforme la peau des tubercules en les rendant liégeux. Cette maladie est due à un ***manque d'eau***. Je couvre les flancs des buttes avec les mauvaises sèches et les restes de cultures : ainsi, elles gardent l'humidité et ce paillis limite les dégâts causés par la gale…

verdissement

Enfin, au moment de la récolte (l'arrachage), mieux vaut laisser ressuyer les tubercules durant quelques jours : ils se conserveront mieux. Mais faites-le à l'abri de la lumière (sous un hangar, par exemple), car sinon ils ont tendance à verdir.

Des rouges, des vertes et des pas mûres

plants vigoureux

Les tomates sont des plantes gourmandes et volontiers maladives. En terre maigre, une ***poignée d'orties*** (sans graines) au fond du trou de plantation leur fournit de l'azote durant la saison. Mais un apport de purin liquide bien décomposé fera tout aussi bien.

En revanche, je conseille de coucher le plant de tomate au moment de la plantation, de façon à enterrer le plus de tige possible. Sur la partie enterrée, de nombreuses racines vont se former durant les semaines à venir, renforçant la vigueur du plant.

échelonner

Comme je fais moi-même mes plants de tomates (en les semant sous abri, dès le mois de mars), j'ai assez de pieds pour oser une plantation précoce, vers la mi-avril. Si le temps reste doux, j'aurai gagné un mois.

Si des gelées tardives les anéantissent, je n'aurai qu'à puiser dans ma réserve !

On peut aussi protéger les jeunes plants en terre contre les gelées matinales en les entourant de bidons (ou de bouteilles) emplis d'eau : ***l'inertie thermique de l'eau*** suffit souvent à éviter le givre sur les feuilles des plants.

bouturer

Lorsque les plants poussent, il m'arrive de bouturer les ***gourmands*** retirés à l'aisselle des feuilles : ils s'enracinent très bien et donnent des plants tardifs, mais fertiles lorsque l'arrière-saison n'est pas trop sévère.

Lorsqu'apparaissent les premières ***fleurs***, je supprime toujours la première de chaque bouquet sur les variétés à gros fruits comme « Sainte-Lucie » ou « Cœur de Bœuf » : elles seraient déformées et si grosses que les suivantes en pâtiraient. Je le fais aussi sur les piments et les aubergines.

semences

Pour récupérer des ***graines*** de tomates, il suffit de laisser tremper la chair du fruit pendant trois jours dans l'eau et de faire sécher le tout sur du papier absorbant.

Je les décolle sans ménagement et mes semences lèvent comme celles des pros !

Contre le ***mildiou***, la meilleure défense, c'est l'attaque ! J'ai coutume de pulvériser du soufre sur les feuilles avant que tout symptôme n'apparaisse mais du lait ferait aussi bien, si l'on en croit une étude récente !

contre-saison

Des tomates en décembre ? Chez moi, oui ! Pour y parvenir, on arrache les plants en octobre (pas plus tard !), et on les suspend la tête en bas, une fois toutes les feuilles arrachées, à l'abri (grange ou serre). Les tiges sèchent mais les fruits verts mûrissent lentement sur le pied.

Ou alors, on garde des fruits sains sur des clayettes couvertes de foin sec, en les espaçant de 5 cm en tous sens.
Les ***tomates-cerises*** excellent à ce jeu-là.

Aubergines en tous lieux

maturité

Repérer la maturité d'une aubergine est un jeu d'enfant : son fruit est bon à récolter lorsque la ***corolle*** (la couronne au niveau du pédoncule) se fend. Mais il n'est pas question de laisser perdre les aubergines immatures à la fin de la saison : je les ramasse et les cuisine comme les autres.

Cependant, il vaut mieux limiter le nombre de fruits sur chaque pied, pour éviter les fruits nombreux mais petits : 4 à 6 suffisent pour un pied.

pas frileuse

Au Nord de la Loire, on peut récolter des aubergines, même sans serre. Il faut cultiver la variété « Apple Green », qui supporte même les terres un peu argileuses ! Depuis que je l'ai découverte, je ne m'en sépare plus !

Prise de chou

piéride

Le principal ennui concernant les choux, c'est bien sûr la piéride, qui en grignote férocement les feuilles. Leurrez ce papillon en plantant des ***légumes à larges feuilles*** près de vos choux : blettes, courges… Le papillon a tendance à pondre sur les feuilles larges, mais les jeunes chenilles meurent lorsque le papillon s'est trompé. Bien entendu, comme toute technique bio, ce n'est pas valable à 100 %. Seul le ***filet à mailles fines*** (moins de 1 mm) évite que les mouches et piérides ne viennent y pondre.

conserver

Quant à la conservation des choux en hiver, le plus simple est de les déchausser, en les soulevant avec une gouge à asperge, et de les coucher dos au vent.

Courges et compagnie

courgettes

Incisez aux deux tiers le ***pédoncule*** d'une courgette pour qu'elle ne grossisse pas trop vite.

Si vous partez en vacances, sacrifiez toutes les ***fleurs (mâles et femelles)*** : il s'en formera d'autres pendant votre absence et vous n'aurez pas affaire à des courges énormes à votre retour !

coloquintes

Evitez de cultiver coloquintes et courgettes côte à côte, ou alors n'en récoltez pas les graines. Car les deux s'hybrident et les graines formées à la fin de la saison donneront des sortes de courgettes colorées, coriaces et immangeables !

à l'étroit

Dans le potager, les ***courges coureuses*** comme les potimarrons occupent beaucoup de place au sol.

Aussi je les fais grimper sur des fers à « chaînage » (4 fers à béton reliés entre eux en une colonne) ou bien sur du grillage. Les fruits sont plus sains et jamais entamés par les limaces (qui les « râpent » lorsqu'ils sont jeunes, à terre).

Si vous les laissez courir à même le sol, enterrez des portions de ces courges coureuses sur 30 cm pour profiter des nouvelles racines qui s'y formeront. Vous serez surpris de la vigueur accrue du plant !

potirons

Si vous voulez récolter de ***gros potirons***, plantez-en un pied sur le compost et ne gardez qu'un fruit sur tout le plant : il est alors possible d'obtenir un fruit de plusieurs dizaines de kilos. Mais attention : cela vide le compost d'une bonne partie de ses réserves nutritives et le fruit n'est pas meilleur pour autant lorsqu'il est énorme !

personnaliser

Pour transformer un potiron en ***objet d'art***, gravez-le : avec une pointe fine (une aiguille), tracez le motif que vous voulez sur la peau du fruit (il doit y perler de petites gouttes). Le motif tracé va se transformer en liège au cours des semaines à venir, lors de la cicatrisation.

maturation

Les potirons et courges de longue garde (***potimarrons, pâtissons***...) ont parfois du mal à mûrir, surtout lorsque le temps est humide et couvert. Placez les fruits sur une cagette renversée, une tuile ou un bout de planche afin de les isoler du sol.

Coupez les feuilles qui les recouvrent et, en fin de saison, laissez les fruits prendre le soleil en journée, sur un muret bien exposé. Ils se conserveront plus longtemps et seront meilleurs.

graines grillées

Les grosses graines de courges potagères ont une valeur nutritive très intéressante : il est simple de les récupérer, puis de les laver dans une écumoire pour les séparer des filaments. On peut ainsi les consommer grillées avec du sel : idéal pour occuper les longs apéritifs et bien moins gras que les pistaches !

À manger par la racine

carottes

En ***terre lourde***, il vaudra mieux semer vos légumes-racines en longues buttes surélevées de 15 cm et larges de 50 cm (on sème deux rangs assez proches sur chaque butte). En ***terre caillouteuse***, choisissez une variété à racine ronde : il n'y aura pas de danger qu'ils deviennent fourchus en rencontrant les cailloux.

Et pour gagner de la place, je sème les ***carottes*** avec les ***fèves*** en même temps, en mars-avril. Les secondes se récoltent bien avant les premières et les deux cultures font très bon ménage !

betterave

Semez clair les betteraves : chaque semence contient plusieurs graines, qu'on ne peut séparer. Il est donc normal d'avoir toujours des plants accolés les uns aux autres.

Les betteraves font partie des légumes qui se repiquent le mieux : si vous n'avez pas mangé les jeunes plants surnuméraires en salade, repiquez-les ailleurs, à 10 cm les uns des autres.

recycler

Et que faire des vieilles betteraves fatiguées ? Les consommer aussi en salade ! Il suffit de placer les tubercules en cave : ils émettent des ***pousses étiolées***, qui se mangent à la vinaigrette. Vous pouvez appliquer également cette astuce aux vieux navets.

céleri-rave

Au moment du repiquage, il est important de couper la ***racine principale*** des céleris-raves, en la limitant à 3 cm de longueur. Sinon, le céleri ressemble à un panais et il a tendance à être moins charnu.

On peut forcer les céleris-raves inutilisés comme des céleris à côte : le feuillage des céleris-raves est lié en botte et emmitouflé dans du carton ondulé, le temps qu'il s'étiole (une dizaine de jours).

salsifis

Au jardin, on cultive plus souvent des ***scorsonères*** (à fleurs jaunes) que des salsifis (à fleurs brunes ou mauves).

Les versions sauvages à très grosses fleurs ont peu d'intérêt culinaire, mais j'en laisse pourtant se ressemer à leur guise : une fois montée en graine, on dirait un pissenlit géant ! Cela dit, lorsque les scorsonères montent à fleur, on peut tout à fait en consommer les boutons, avant qu'ils ne s'ouvrent. C'est corsé mais ça relève une salade !

éplucher

Pour en éplucher les racines sans avoir les mains collées par le latex qui suinte abondamment, je les pèle sous l'eau tiède…

bardane

Si l'épluchage des salsifis vous rebute à ce point, essayez la bardane. Cette encombrante est considérée chez nous comme une mauvaise herbe, alors qu'au Japon, on la cultive pour ses longues racines, à consommer comme les salsifis, après la première année de culture. On peut faire de même avec l'***onagre***, mais il faut vraiment être affamé tant la racine rose et charnue, surnommée « jambon végétal », reste sèche au palais…

Si les rangs font le poireau…

blancs

Buttez très haut les derniers poireaux restant au potager, en mars-avril. Vous obtiendrez de longues parties blanches, dites « ***asperges du pauvre*** » mais assurément délicieuses.

en place

Connaissez-vous les ***poireaux-baguettes*** ? C'est simple : on sème les poireaux assez tard, en juillet-août, en espaçant les graines sur le rang… car on ne les repiquera pas ! Laissés en place, ils passent l'hiver et donnent, au printemps, des poireaux maigres mais élancés, d'où le nom de « baguettes ». Je récolte les plus gros et laisse en place les plus malingres : en cours d'été, ces derniers forment une sorte de ***gousse*** au pied, que l'on peut utiliser comme de l'ail. Rien ne se perd !

mouche du poireau

Contre ces petites larves qui font des sillons dans les feuilles, arrosez les rangs fraîchement repiqués de purin très mûr. Ce ***camouflage olfactif*** est à refaire après chaque pluie. Pour ma part, j'en arrose les plants avec une solution assez concentrée (1 litre de purin pour 5 litres d'eau), grâce à une pomme d'arrosoir : cela les fertilise en même temps. Lorsqu'ils sont ensuite bien formés, on peut les butter jusqu'à la base de l'éventail pour obtenir des fûts plus blancs encore.

teigne du poireau

Hélas, les méthodes qui précèdent n'épargnent pas nos belles rangées de la teigne du poireau, redoutable mouche qui les grignote jusqu'à la base. Contre cet indésirable, la seule solution consiste à placer un ***voile anti-insectes*** : c'est une sorte de tulle à mailles très fines (1 mm de côté) à trouver chez les fournisseurs pour maraîchers.

Pour y parer, j'ai une recette différente : je laisse libre cours au ***poireau perpétuel*** dans mon jardin. Il ne se réveille qu'en octobre, lorsque la mouche ne pond plus. Il est plus fin et plus goûteux, mais indemne de maladies. Et toc !

L'ail, c'est pas diabolique !

beaux bulbes

Pliez les feuilles d'ail, d'échalote et d'oignon quinze jours avant la récolte. Cela ralentit le flux de sève vers les feuilles et force les parties charnues à entrer en repos. Elles se conserveront alors mieux après arrachage.

vieil ail

En fin d'hiver, il traîne toujours de vieilles gousses d'ail en cuisine. Avec les échalotes fatiguées, j'en plante parfois dans un coin au potager, mais je n'en espère que des feuilles ! Les ***jeunes pousses*** valent la ciboulette, par exemple pour donner un goût aillé à une omelette ou un potage…

alliaire

En parlant d'ail, je cultive aussi quelques pieds d'alliaire, une plante sauvage poussant en sous-bois. Ses feuilles ont un goût mêlant la ***moutarde*** et l'***ail***, pas désagréable sur une salade composée ou une sauce blanche !

Quelles salades !

montées

On a beau tout essayer, il y a un moment où les salades montent, lorsqu'il commence à faire chaud. Pour les ralentir, il faut couper le ***collet*** aux deux tiers : la sève se trouvant ralentie, le reste évolue moins vite.

Mais si le tout monte quand même, les feuilles sont pourtant toujours comestibles, pourvu que la sève ne soit pas trop laiteuse lorsqu'on les coupe sur la tige. Je profite ainsi de mes salades lorsque d'autres les abandonnent et les arrachent !

repousses

Sinon, je coupe les salades à ras : il en repousse quelques bouquets et, sur le rang, j'arrive encore à faire quelques bonnes récoltes à l'aide des jeunes feuilles que j'y glane.

Il est toutefois d'habitude, dans ma famille, d'en laisser quelques pieds monter à graine comme bon leur semble. La plante finit par se ressemer par-ci par-là dans le potager, en germant au moment qui lui semble bon. Et avec ces ***plants spontanés***, il n'y a pas de crainte de les voir surgir trop tôt ou trop tard. Je les trouve d'ailleurs plus résistants aux limaces et moins gourmands en eau !

On peut tout aussi bien en récupérer les graines et les semer dans un pot ou en rang, puisque les plants obtenus seront semblables au pied-mère.

limaces

Contre cette plaie, j'emploie plusieurs méthodes.
Le ***cordon de cendres***, à déployer autour des jeunes plants, marche tant qu'il ne pleut pas. Sitôt la cendre mouillée, il faut recommencer.

Je préfère encercler les plants d'une ***bande de cuivre***. Dans ce petit enclos métallique, les limaces ne s'aventurent pas. Ça ne marche pas à 100 %, mais suffisamment pour en valoir la peine.

mâche

La mâche est délicieuse mais contrariante, car elle fait des caprices au lieu de lever lorsqu'on la sème. Mes deux ruses permettent d'y parer.

La première, celle des paresseux, consiste à jeter les graines dans le potager et à récolter les plants qui auront poussé là où bon leur semblait.

Voici la seconde ruse : on repique ces plants disparates pour en reformer un rang, ce que je fais souvent aussi avec d'autres légumes. De belles salades en perspective !

Pensez de toute façon à poser un ***voile d'hivernage*** (une matière non tissée qui fait obstacle au vent) : vous pourrez les récolter même par gel léger. Lorsque les feuilles sont manipulées alors que le gel sévit, elles se transforment en une triste salade cuite, pas très appétissante.

Mais on peut aussi récolter la petite mâche sauvage (la ***doucette***) poussant spontanément dans les sols sableux. Elle a un goût plus marqué, plus sucré.
Pour les paresseux gourmets !

pourpier

Dans les sols maigres, le pourpier est une plante envahissante, que l'on n'a de cesse de sarcler.
Mais savez-vous qu'elle procure de la ***fantaisie*** dans les salades, de par ses feuilles croquantes ?

cresson de fontaine

Le cresson de fontaine (le cresson classique) peut se cultiver au jardin et sans aucune difficulté ! Il suffit de repiquer des tiges de cresson issues d'une botte du commerce dans un ***seau d'eau*** au fond duquel vous aurez placé 15 cm de terre, noyée sous 5 cm d'eau. La première récolte s'opère environ trois semaines après. On en consomme les feuilles en salades et, si les tiges ont tendance à monter, il suffit de les préparer en potage !

cresson alénois

Si vous ne voulez pas vous adonner à cette culture aquatique, essayez le cresson alénois. C'est un cresson de ***pleine terre***, qui pousse vite et très facilement. On le sème en pot ou au potager, à la fin du mois d'août, et l'on récolte ses feuilles fortes en goût jusqu'en janvier.

clandestines

J'apprécie tout particulièrement le ***diplotaxis***, petite crucifère jaune des sols calcaires. Cette sauvageonne ressemble à une roquette vivace, en plus goûteuse. Ses feuilles sont parfaites pour assaisonner une salade ou relever un fromage de chèvre frais, fouetté avec de l'huile d'olive !

Autre sauvageonne très utile : la ***benoîte vulgaire***, dont les racines rappellent le goût du clou de girofle. Bien rincée, elle dépanne lorsque le ragoût mijote !

Grains de folie

conserver

La conservation des ***haricots à grains*** n'est pas si facile. D'abord, il faut lutter contre les vers qui les grignotent, en passant les grains au congélateur pendant deux heures : cela tue les jeunes larves, s'il y en avait.

Une bonne idée consiste à enfermer les grains avec un ***bouquet d'aromatiques*** à demi-séchées (romarin, thym, laurier et sauge) : ils deviennent délicatement parfumés.

Comme je suis paresseux, je préfère garder les haricots grains dans leur ***cosse*** et ne les éplucher qu'au moment de leur utilisation : leur goût est préservé et, en cas d'attaque de bestioles, la contamination est moins rapide.

filets à grains

Dans ma famille, lorsque les haricots-filets deviennent trop filandreux, on ne les arrache pas. On les laisse tout simplement finir leur saison sur pied et on les récolte alors comme des haricots à grains. Ils font aussi bien dans les ragoûts que les chevriers (ou flageolets) !

oiseaux

Le problème, avec les ***fèves*** et les ***haricots***, c'est que lorsqu'on sème les graines, on n'est pas sûr de les voir lever… si les oiseaux et les rongeurs s'en régalent en terre. Lorsque le temps est humide, je les sème en ***petits godets*** individuels (des pots en plastique carrés de récupération) et je les replante en pleine terre lorsqu'ils ont 10 cm de haut. Il n'y a alors aucun risque à ce que les graines disparaissent !

Endives et en verdure

floraison

Ce n'est pas par distraction que j'oublie quelques pieds d'endive au jardin lors de l'arrachage : je les laisse se développer durant la saison, pour profiter de leur floraison ! Elles forment une nuée de ***marguerites bleues***, très décorative.

forcer

En ce qui concerne les ***turions***, je conseille de les forcer au frais autant que possible : le froid en adoucit le goût alors qu'au chaud (à plus de 12 °C), ils ont tendance à devenir amers. C'est une astuce qui vaut aussi pour les endives achetées sur le marché : je les laisse dans la partie la plus froide du réfrigérateur pendant au moins une semaine ; elles sont alors très douces.

cousines

En parlant d'autres rosettes à forcer, saviez-vous que les ***scaroles*** sont cousines des endives ? Pour adoucir le goût des feuilles, on peut soit retourner un pot dessus, en bouchant le trou avec un caillou pour empêcher toute lumière de parvenir au cœur, soit les lier en botte avec un élastique. Le cœur s'étiole en quinze jours à peine.

Mais on peut aussi, comme le fait parfois mon père, les arracher et les enfermer, avec leurs racines, dans un sac opaque, en cave. Cela permet de libérer la place lorsqu'il ne reste plus que quelques plants retardataires sur le rang !

pissenlits

Les pissenlits à semer que l'on force comme des endives donnent la ***barbe-de-capucin***, délicieuse avec des lardons poêlés. Mais on fait aussi bien avec des pissenlits sauvages : je sélectionne les plus beaux de mon jardin (que j'épargne lors de mes séances de désherbage) et je les replante au fond d'un pot profond, à 15 cm du bord. Simplement recouverts d'une bâche opaque, ils forment leurs pousses étiolées en deux à trois semaines.

blettes

Les jeunes feuilles de blettes (que l'on appelle aussi ***poirées***) et de betteraves se récoltent et se consomment de la même façon que les épinards, lorsqu'on les utilise pour faire du vert dans les plats (gratins, farces…). Pour ma part, je trouve même que cette verdure est d'un goût plus doux, moins ferreux que les épinards.

Lorsqu'elles sont très jeunes, on peut aussi les consommer en salade ou bien en étioler sous un pot opaque. Mais attention à ne pas épuiser le plant, ce sont les grosses côtes que l'on est censé récolter en fin de compte !

Sortez les griffes… d'asperges

vertes

Les asperges à cultiver pour leurs turions blancs peuvent aussi se cultiver comme des asperges vertes. Il suffit de ne pas butter les rangs en février-mars et de laisser simplement les tiges dépasser du sol de 20 cm avant de les récolter.

semer

Saviez-vous d'ailleurs qu'il est facile de semer des asperges ? On récolte les ***billes rouges***, que l'on place en mars dans un terreau moite : de petits plumets apparaissent en mai. Mais ce n'est qu'après trois années de culture seulement que l'on pourra envisager une première petite récolte, le temps que les griffes (les plants) se renforcent…

fertiliser

Une aspergeraie doit de toute façon être bien nourrie car les plants sont très gourmands. Passé le mois de juin, épandez du compost mûr ou un engrais enrichi en potasse entre les rangs. Pensez à le faire avant la fin juillet.

Reine des tartes et des compotes

hâter

La ***rhubarbe*** est une plante sans souci, que l'on est impatient de déguster. Pourquoi ne pas hâter un peu la saison de la récolte, en forçant les jeunes feuilles à s'étioler sous un couvert opaque, comme un pot renversé ou un bidon dont on aura retiré l'une des faces ? Les côtes sont ainsi moins colorées, mais très peu acides. C'est un stratagème que l'on peut aussi employer avec l'***oseille***. Je n'abuse pas de cette méthode, car elle peut affaiblir le pied : contentez-vous d'une récolte, puis enlevez le couvert, afin que le pied se reconstitue.

pas de fleurs

Je ne manque jamais de couper les ***hampes florales*** : elles consomment les réserves de la plante et n'ont guère d'utilité, sauf si vous souhaitez effectuer un semis. Avec ses propres graines de rhubarbe, on obtient en effet des plants en deux ans à peine !

pause

Je ne récolte plus de rhubarbe à partir de la fin juin, toujours afin que la souche se régénère. Mais lorsque l'automne est pluvieux, quelques feuilles nouvelles se forment : j'ai tout plaisir à en récolter les ***côtes***.

Je replie les vieilles feuilles sur la souche, pour la protéger du gel hivernal. Les rhubarbes sont très rustiques mais apprécient ce couvert pendant leur repos. Cette astuce sert aussi à protéger la ***gunnéra*** (ou rhubarbe du Chili), bien plus sensible au gel mais non comestible.

Chapeau le melon !

mariage

Réussir des melons n'est pas compliqué : il faut de la ***chaleur*** et de l'***eau***. Comme le moindre été frais condamne tout espoir de récolte, j'en cultive toujours quelques pieds sous abri, avec les ***tomates***. Et vu que la place est comptée, je plante les melons entre les plants de tomates, 3 semaines après ces derniers. Ainsi, les deux plantes ne se font pas concurrence, le melon évite que le sol ne sèche trop et il profite des petits traitements contre le mildiou fait sur les tomates. Tout le monde est gagnant ! Pour récolter, j'attends que le pédoncule se fissure au niveau où il s'attache au fruit : je sais alors que mon melon est à point !

parfumé

Connaissez-vous les ***melons odorants***, dits melons-de-poche, formant de petits fruits mais très odorants ? Quelques-uns dans un compotier parfument toute la pièce. On raconte que les dames en glissaient dans leurs poches au Moyen Âge afin de dissimuler les odeurs corporelles…

Cœur d'artichaut

plus gros

Insérer un ***coin en bois*** (ou une petite tige de bambou) dans la tige de la plante, sous le jeune bouton, permet d'obtenir de plus gros artichauts. Par ailleurs, emballer la tête dans du ***papier kraft*** en adoucit le goût et ralentit la montée à fleurs.

Mais le plus important, sur les artichauts, sera d'en séparer des ***rejets*** au printemps, pour renouveler la touffe. Coupez la moitié du feuillage de ces éclats et replantez-les : ils repartiront sans tarder.

sucré

Avez-vous remarqué que les ***topinambours*** ont un peu le goût de l'artichaut ? Et ces deux légumes ont un autre point commun : ils sont riches en ***inuline***, un sucre que l'on ne digère pas, mais qui fait du bien à la flore… intestinale.

topinambour

Conservez les topinambours dans du sable ou, mieux, en terre. À l'air libre, ils se dessèchent. Si les mulots rôdent, enterrez-les dans un vieux panier à salades dont vous aurez couvert l'ouverture de grillage.

Du goût et des couleurs

fleurs comestibles

Ce n'est pas tout de faire pousser la salade. Encore faut-il l'agrémenter dans l'assiette et l'assaisonner. « Salade » ne vient-il pas du mot « sel », qui a aussi donné le mot « salaire » ? Côté couleurs, d'aucuns ajoutent à leurs salades des fleurs de ***bourrache***, de ***capucine*** ou de ***pensées***. Il faut goûter pour se faire une idée ! On peut aussi ajouter des pétales de ***dahlias*** ou des fleurs de ***bégonia*** (qui craquent sous la dent).

mesclun

Si le goût vous importe plus que la couleur, pensez d'abord au mesclun. Avant, le mesclun désignait une cueillette de feuilles sauvages que l'on pouvait manger… au sel.
C'est devenu un mélange de ***jeunes salades***, ***roquettes*** et ***cerfeuil*** que l'on récolte ensemble. Rien de plus simple que de faire le vôtre : achetez les graines de ce que vous aimez manger en salade, mélangez-les et gardez-les dans un pot hermétique. Semées ensemble, les variétés formeront un mesclun à couper au fur et à mesure de vos besoins.

charbon de bois

Non seulement je procède comme indiqué précédemment, mais j'ajoute du charbon de bois en poudre grossière à la préparation : les graines se conservent mieux et le semis est plus clair, plus régulier.

relever

Pour relever le goût des salades, on peut aussi ajouter des ***feuilles de moutarde*** (cueillies jeunes), que l'on coupe en lanières et que l'on parsème sur l'assiette. Ou alors, on ajoute des ***feuilles de bourse-à-pasteur***, à la saveur piquante mais fine.

chayotte

Les cultures inhabituelles rendent le potager encore plus attractif et je ne manque jamais de planter des légumes exotiques. La plus facile d'entre toutes est la chayotte, dite encore ***chouchou*** ou ***christophine***. Elle se démarre au chaud, en avril, en posant simplement un « tubercule » (en fait, c'est une courge) sur du terreau humide.

Plantée au pied d'une pergola ou d'un grillage, elle couvre la structure à une vitesse époustouflante. On récolte les fruits, qui pendent en fin d'été.

chervis

Essayez aussi le chervis : cette plante vivace se cultive facilement et produit de longues ***racines*** blanches à consommer comme des carottes. Je la cultive à l'ombre des arbres voisins, là où peu de légumes veulent bien se maintenir. Ses pousses peuvent également se consommer étiolées, à la façon des asperges.

au soleil

Faire sécher les fruits et les légumes a des avantages par rapport à la congélation : ils rendent forcément moins d'eau lorsqu'on les utilise et leurs saveurs s'en trouvent concentrées. Il est ainsi classique d'accrocher les piments en guirlande contre la maison pour les faire sécher, à la mode du pays Basque.

au four

Pour les ***légumes plus charnus***, comme les tomates, je procède différemment : je les coupe en tranches fines et je les saupoudre de sel et d'huile d'olive. Posés sur une plaque antiadhésive, je leur fais passer la journée dans le four à 70 °C en prenant soin de laisser la porte entrouverte. À la fin de la journée, les tranches sont sèches.

Un potager rondement mené

gain de place

Pour économiser de la place avec tous les ***légumes grimpants*** (pois à rames, haricots grimpants), je les fais grimper sur une structure à laquelle ils s'accrochent.

Ce peut être du grillage à grosses mailles mais je préfère ficher des branches en terre, à 5 cm des plants. À la fin de la saison, je composte le tout, tiges de légumes et rameaux compris, ou bien je les brûle sur place contre les ravageurs cachés.

fers à béton

Vous pouvez aussi faire pousser les ***légumes les plus grimpeurs*** sur des fers à béton pour chaînage (4 fers formant une colonne) : haricots grimpants, courges, capucine tubéreuse… Ou alors, construisez une arche sur laquelle faire grimper les légumes à rames en courbant en forme d'arche de la gaine électrique rigide. Enterrez chaque extrémité de 30 cm.

rotation

Même si c'est pénible, je m'astreins chaque année à organiser mes cultures de façon à ne pas cultiver le même légume au même endroit deux années de suite. J'évite ainsi que le sol ne transmette des maladies, comme par exemple le mildiou ou le blanc (oïdium).

Cette ronde peut s'organiser en prenant soin de noter ses cultures chaque année sur un cahier, ou en retenant un principe simple : à un ***légume-fruit*** (tomate…) doit succéder un ***légume-racine*** (navet, céleri…), puis la troisième année un ***légume-feuille*** (salade, épinard…). Ainsi, on limite les risques de contamination.

nettoyage d'automne

De toute façon, en fin de saison, je fais toujours un feu de joie dans lequel je ***brûle*** les vieux légumes, par précaution. Et je vérifie qu'un hérisson n'a pas trouvé refuge dans le tas pour éviter toute funeste bévue !

Je ***désherbe*** aussi minutieusement le potager à cette époque : j'élimine ainsi les refuges d'hiver des aleurodes et des pucerons, qui ont coutume de passer la morte-saison sur les herbes importunes…

compagnonnage

Pour un potager en pleine santé, on peut aussi choisir de marier les légumes : c'est le compagnonnage. J'essaie d'associer, quand c'est possible, des ***légumineuses*** (haricots, pois, fèves) aux ***plantes plus gourmandes*** (maïs, choux…). Les premières ont la faculté de fixer l'azote du sol, et donc de ne pas puiser dans la terre cet élément qui pourra ainsi servir aux plantes voisines !

capucines

Les capucines sont indispensables au potager comme dans le reste du jardin. Car elles sont elles aussi de très bonnes plantes-compagnes : je les utilise comme ***couvre-sol*** au pied des haricots grimpants et des asperges. Les capucines occupent le sol en empêchant les mauvaises herbes d'y venir et je les enfouis en hiver, à la façon d'un engrais vert.

Bien sûr, on peut en consommer les ***fleurs***. Elles ont un petit goût poivré amusant, bienvenu en salade ou pour décorer les assiettes. Je me sers aussi de leurs ***tiges gelées*** comme d'un filet pour maintenir les feuilles mortes en tas sur les plantes fragiles. Les merles ne viennent pas m'éparpiller le tas en fouillant dedans !

passages

On oublie trop souvent que la terre du potager est un élément vivant. Il peut être utile, par exemple, de poser à terre des ***planches*** sur lesquelles on galopera durant la saison ou même avec la brouette.

Dans mon potager, ce stratagème m'évite d'avoir à tasser la terre, limite la pousse des mauvaises herbes… et fournit un abri aux limaces. Je retourne donc régulièrement la planche pour récolter ces indésirables gastéropodes et les éliminer (on peut aussi les jeter loin du potager, à 500 m, si l'on est plus pacifiste que moi !).

lumière

Si le potager est à l'ombre, il ne faudra pas gâcher le peu de lumière qui y parvient. Commencez par peindre les murs en blanc : les lieux seront plus clairs et réfléchiront un peu de lumière.

Au sol, posez des bandes réfléchissantes. Les oiseaux en ont horreur et elles renvoient vers les feuilles la lumière.

Si les plantes sont petites, entourez-les de feuilles d'aluminium posées au sol : elles auront plus chaud dans ce petit four !

Décoration potagère

potager de poche

Créez un ***mini-potager*** en délimitant un rectangle dans le gazon avec des briques creuses posées debout ou de grosses poutres de récupération. Remplissez l'espace intérieur de ce cadre et les briques avec du terreau ou de la terre propre, puis plantez dedans aussitôt. Vous obtenez un potager en un quart d'heure à peine ! Ce système peut bien sûr être installé sur une terrasse ou un balcon.

Percez un vieux ***tonneau***, dont le dessus aura été retiré, avec une mèche à tarauder de 5 cm de diamètre (un trou tous les 30 cm). Une fois rempli de terreau, vous pourrez planter des légumes par le dessus mais aussi dans chaque trou, à la manière d'un pot à fraisier. À vous salades, tomates, fraises…

damier

Rendez le potager plus attractif en plantant les légumes à ***feuillage vert clair et pourpre*** en damier. Le résultat avec les salades 'Feuille de Chêne' est tout à fait saisissant !

Vous ne perdrez rien à mélanger de toute façon des fleurs aux légumes : cela camoufle les cultures contre leurs ennemis, rend le potager plus décoratif… et donne de quoi composer de gros bouquets.

fleurs à couper

Je consacre d'ailleurs quelques rangs de mon potager aux fleurs à bouquet. Les ***rosiers*** plantés en rang y sont plus simples à entretenir, les dahlias aussi.

Et si vous cherchez une idée pour enrichir vos bordures de potager, créez des ***« poches » à aromatiques*** en disposant une double ligne de pavés ou de briques sinuant en sens inverse. Vous n'aurez qu'à planter du thym ou d'autres plantes basses dans ces alvéoles élégamment délimitées.

Au verger

Pommes d'amour

éclaircir

Quoi de plus joli qu'un pommier croulant sous les fruits ? Cependant, les récoltes sont meilleures lorsqu'on éclaircit les pommes, c'est-à-dire qu'on en supprime une partie. ***Trois à quatre pommes par bouquet*** suffisent, sinon elles sont petites et plus sensibles aux maladies.

étayer

Mieux vaut d'ailleurs soutenir les branches avec des ***tuteurs*** en forme de « Y », pour éviter que les branches ne ploient sous leur poids.

Il est de toute façon inévitable que les ***pommes gâtées*** tombent à terre précocement. Selon les années, je les brûle pour éviter toute contamination, ou je les enterre au pied de cultures insensibles (les bambous par exemple), pour servir d'engrais…

mariage

Si un pommier donne peu, c'est sans doute qu'il manque d'une variété pour le féconder. Plantez à proximité un ***pommier d'ornement*** « Everest » (à petits fruits jaunes, très jolis) et qui sert accessoirement à féconder de nombreuses variétés.

propager

Pour obtenir un descendant d'un vieux pommier ou d'un poirier ancien aux qualités remarquables, faites appel à un pépiniériste pratiquant le « ***greffage à façon*** ». Vous lui fournissez un rameau et il vous en fera de jeunes arbres en 4 ans environ.

Cependant, certains pommiers peuvent se ***bouturer*** ('Transparente de Croncels', 'Doucin'...), en automne. Vous obtiendrez des buissons francs de pied (non greffés) au port un peu désordonné et moins productifs que les pommiers greffés... mais gratuits ! Mon grand-père ne procédait pas autrement. Mais il faut dire qu'il bouturait à peu près tout ce qu'il pouvait !

Bonne poire !

brider

Le poirier peut ***refuser de fleurir*** les premières années. Il faut alors couper court les rameaux qui poussent à la verticale : ils épaissiront à la base grâce aux coupes successives et des boutons s'y formeront.

Il est aussi possible, si le poirier pousse vraiment trop à feuilles, de le ***cerner*** : on coupe les racines à bonne distance du tronc (au moins 1 m), en enfonçant la bêche. La vigueur du sujet est limitée et, comme il souffre un peu, il aura tendance à vouloir former des fruits.

maladies

Le poirier craint peu les attaques, sauf la ***rouille***, qui déforme les feuilles : on l'observe surtout là où des genévriers sont plantés à proximité, car ce sont ces conifères qui abritent la maladie. Un voisinage à éviter au jardin…

Dans le même genre, les ***pivoines*** et les ***pins*** font mauvais ménage : les premières sont plus volontiers couvertes de taches lorsqu'on les plante à proximité des seconds, pour les mêmes raisons.

récolte

Mieux vaut cueillir les poires avant complète maturité. Leur arôme est bien ***plus fruité*** lorsqu'on les laisse mûrir en cave. Certaines (les comices par exemple) se mettent ainsi à sentir la jacinthe et l'iris, un pur bonheur !

Si vous disposez de ces petites poires dures tombant en quantité sous les arbres que l'on plantait pour donner de l'ombre aux chevaux, faites-en de la ***gelée de poire*** ou bien des ***conserves au sirop de vin***. Dans 1 l de vin, on ajoute 500 g de sucre blanc, dans lequel on fait pocher les poires épluchées et épépinées. On les garde ensuite en bocaux. À savourer durant l'hiver !

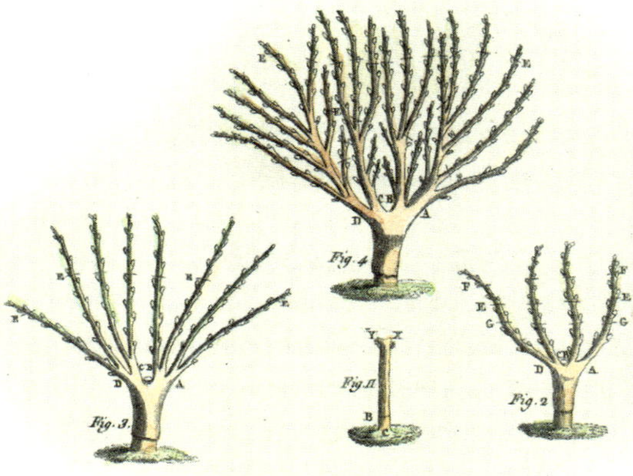

La cerise ?
... sur l'arbre !

auto-défense

Le cerisier est un arbre sans souci. S'il produit des ***écoulements de gomme*** sur le tronc, laissez-les : ils protègent l'écorce.

éloigner les oiseaux

Le plus délicat, ce sera bien sûr de cueillir les fruits avant les oiseaux. Les effrayants classiques (cd-roms accrochés dans les branches, bandes réfléchissantes) ne marchent guère. Si vous devez vous absenter du cerisier pendant quelque temps au moment de la cueillette, placez plutôt un ***poste de radio*** branché… sur de la musique techno. L'effet répulsif sur les oiseaux est intéressant, mais il dure peu !

Pour m'épargner ces soucis, je préfère cultiver des ***cerisiers en forme basse*** (avec un tronc très court). Il m'est plus facile de protéger l'arbre entier (lorsqu'il n'est pas trop grand) en tendant un filet sur de vieilles cannes à pêche. Au pire, on peut envelopper quelques branches bien garnies avec du filet : ce sera toujours ça de sauvé.

cueillette

Pensez à récolter les cerises avec la ***queue*** si vous voulez les conserver quelques jours : sinon, elles tourneront rapidement.

Sachez que les cerises peuvent achever leur ***maturation*** après cueillette, si elles sont presque mûres. Enfermez-les dans un sac contenant de vieilles pommes : celles-ci dégagent un gaz, ***l'éthylène***, qui force les autres fruits à mûrir (faute de vieilles pommes, utilisez des bananes).

Des raisins très sarments

taille

La vigne est une culture qu'il faut soigner, car même si elle donne volontiers toute seule, les récoltes ont bien meilleure allure lorsqu'on s'en occupe. Il faut ratiboiser la vigne en mars, pour ne pas se faire envahir. Le bon moment ? Lorsqu'après avoir cassé un bourgeon, il « ***pleure*** ». On coupe les sarments de l'année passée pour n'en garder que 20 cm, soit une longueur de sécateur.

Pendant la saison, il faut ***ébourgeonner*** le pied. Tous les quinze jours, c'est la petite tâche matinale : retirer toutes les repousses qui ne portent pas de grappes et naissent en profusion au pied.

mildiou

Cette maladie n'est pas si terrible que ça chez l'amateur. Pulvérisez du ***bicarbonate de soude*** sur les feuilles de la vigne : l'action de ce composé contre le mildiou est prouvée scientifiquement. Ça marche aussi sur la tomate.

Pour parer à cette maladie, j'ai deux recettes : une partie de mes ceps est plantée sous un rebord de toit. Comme la pluie n'atteint pas les grappes, situées en hauteur, elles restent saines et je n'ai pas à traiter. Secundo, en plein air, j'ai choisi des variétés 'Amandin'.

COULURE

belles grappes

Une fois les grappes formées, il vaut mieux les ***ciseler***, c'est-à-dire couper les grains malformés ou trop nombreux avec une paire de ciseaux à bouts pointus. Certes, c'est du travail, mais les grappes sont plus belles.

On peut aussi « ***déshabiller*** » les grappes, c'est-à-dire ôter les feuilles qui les recouvrent pour forcer le soleil à mieux les gorger de sucre. C'est ce que je fais sans craindre de les exposer aux oiseaux. En effet, lorsqu'approche la maturation, à la fin août, je les enveloppe dans de petits sachets cousus dans de vieux rideaux fins. Les grains y mûrissent en sûreté, sans être privé de soleil ! Je pratique d'ailleurs généreusement l'effeuillage : les potirons, les aubergines et les tomates y passent également – plus de soleil, plus de saveur !

Enfin, au moment de la récolte, il vaut mieux cueillir les grappes avec une partie du ***sarment*** qui les porte, afin que les grains se dessèchent moins vite. On gagnera à les entreposer sur un lit de copeaux de bois, qui laisse passer l'air et préserve leur parfum.

Petits fruits, mais costauds !

fraises

Le fraisier est une plante facile qui pousse sans trop de soins. Certaines variétés sont si prolifiques que je les utilise en ***couvre-sol***, au pied des arbustes d'ornement. Elles empêchent les mauvaises herbes de se développer et il y a toujours quelques fruits à picorer dans ce couvert !

Je garde aussi des ***rejets*** de fraisiers dans de petits pots, ils sont ainsi toujours prêts à être replantés ou donnés à un ami de passage. Par contre, je supprime tous les autres ***stolons*** (ou gourmands), afin de canaliser la sève vers les fruits.

Si vous avez mal au dos, cultivez vos fraises « ***hors-sol*** », dans des jardinières suspendues : les fruits resteront à portée de main. D'ailleurs, les producteurs professionnels ne les cultivent pas autrement !

oiseaux

Lorsque les fruits rougissent, protégez-les en posant un ***filet*** dessus : c'est le meilleur rempart contre les oiseaux.

Si les pieds sont isolés, une ancienne cage… à oiseau servira de protection amovible.

courtoises framboises

La ***taille*** des framboisiers se fait normalement en deux temps : en automne, on coupe à ras les tiges ayant donné, et au printemps on réduit de moitié celles qui restent. Mais on peut aussi couper le tout à ras en automne. On récolte alors moins, mais plus gros et plus goûteux, presque sans maladies. Pourquoi ne pas essayer, dans un coin ?

En hiver, je fais souffrir mes plants : j'enfonce la bêche tous les 50 cm entre les tiges. En sectionnant les ***rhizomes***, on les force à émettre plus de tiges au printemps. Et si vos fruits sont couverts de ***punaises***, utilisez un aspirateur de table pour collecter ces importunes. Jetez le contenu de l'aspirateur dans un seau d'eau bouillante : le problème des punaises est résolu !

mûres bien mures

La gelée de mûres, c'est délicieux mais sur des ronces sans épines, c'est mieux ! Je laisse libre cours aux ***ronces cultivées***, qui ne craignent pas les maladies et que les oiseaux délaissent (au profit des autres baies). Afin d'étoffer les plants, il suffit d'enterrer l'extrémité des tiges dans la terre, en automne. Elles s'y enracinent et produisent de nouveaux sarments.

cassis pas casse-pieds

Ses baies noires comptent parmi les fruits les plus riches en ***antioxydants***, avec les myrtilles et les fruits de l'amélanchier. À cultiver sans modération si vous vous souciez de votre bien-être ! Cet arbuste a la particularité de supporter une ombre légère : on peut donc l'essayer dans les jardins qui manquent un peu de soleil.

S'il ne donne pas de fruit, c'est sans doute parce qu'il manque d'une autre variété pour le polliniser. Qu'importe, avec ses feuilles et ses bourgeons, vous pourrez produire une liqueur parfumée : laissez macérer 50 feuilles dans 1 l de rosé avec 1 verre de rhum et 25 sucres pendant 15 jours avant filtrage.

récoltez sans compter

Au jardin, buttez le pied des touffes avec 20 cm de bonne terre : le buisson sera plus dense, car de nouvelles racines se formeront sur les parties enfouies. Cette astuce marche aussi avec les ***groseilliers*** (à grappe et à maquereaux).

Lorsque les oiseaux se font voraces, placez un rideau sur les buissons de cassis : il doit complètement emmitoufler les branches. Les ***groseilles à grappes à fruits blancs*** sont une alternative intéressante, car elles attirent un peu moins les oiseaux… mais ils s'y intéresseront quand même.

Enfin, conservez tous ces fruits en les roulant dans du sucre, au ***congélateur***. Cela permet de constituer une bonne réserve quand la cueillette est très étalée dans le temps.

Il a la pêche, forcément

protégez, taillez

Contre les ***gelées tardives*** sur les pêchers et les abricotiers, emmitouflez quelques branches en boutons dans du voile d'hivernage.

Les fleurs captives sous le voile seront fécondées avec un pinceau, que l'on passera de fleur en fleur.

Je cultive mes arbres en ***forme basse*** et je les taille de façon à pouvoir les protéger complètement au printemps. Et je ne me casse pas la tête pour les tailler : en août, je coupe les branches verticales, en ne gardant qu'un tiers de la longueur. C'est tout !

au Nord

En région froide, c'est contre un mur que le pêcher sera au mieux. L'ancienne technique pour accrocher les branches consistait à les relier au mur avec des lambeaux de tissus souple, des « ***loques*** » selon le terme de l'époque. Efficace, en tout cas !

Si je ne devais conseiller qu'une seule variété, ce serait la variété 'Pêche de Nancy', qui comme son nom ne l'indique pas… est un ***abricot***, le plus résistant au froid !

ratafia

Les ***jeunes feuilles***, qui sentent l'amande lorsqu'on les frotte, me servent à fabriquer un apéritif à base de vin sucré dans lequel on fait macérer les feuilles, pas trop longtemps (8 jours maximum), avant de filtrer et laisser reposer.

Elles ne comptent pas pour des prunes !

protéger

Le prunier n'a pas besoin de taille. Comme le cerisier, il aurait même tendance à détester cela. Le seul souci que l'on peut rencontrer, c'est que les prunes deviennent gommeuses, lorsqu'elles sont attaquées par le ***ver du fruit***. Contre ce problème, pulvérisez un anti-chenille (à base de bacillus, écologique), 15 jours après la floraison puis à nouveau lorsque les prunes ont atteint leur taille définitive.

Brûlez tous les fruits tombant prématurément. Lorsque la maturité approche, faites comme dans mon village natal : disposez du foin ou de la paille sous les arbres. Les fruits tombent dessus en douceur et il n'y a plus qu'à les ramasser chaque matin, avant le passage des guêpes ! On peut aussi tendre un filet sous l'arbre, à 50 cm sous les branches les plus basses.

Coques en stock

saveurs fragiles

Les fruits dits « à coque » comme les ***noix***, les ***amandes*** et les ***noisettes*** doivent être conservés au frais afin d'éviter qu'ils ne rancissent. Et bien sûr, jamais dans un sac hermétique, sous peine de leur communiquer un goût de moisi.

noisetier

De toutes les variétés de fruits à coques, ce sera le noisetier qui demandera le plus de soins. Une ***taille de régénération***, tous les dix ans, est conseillée. La première année, on coupe la moitié des tiges à ras. Deux ans plus tard, on procède de même avec l'autre moitié.

Dans mon jardin, je garde d'ailleurs quelques pieds de ***noisetiers sauvages*** que je traite ainsi plus souvent, tous les trois ans environ. Ils ne me donnent bien sûr aucun fruit… mais de beaux tuteurs, dont je fais des plessis (bordures tressées).

bouturage

Le noisetier peut se bouturer : en hiver, on enfonce de moitié des tiges de 80 cm de longueur, et on les laisse s'enraciner sur place. Selon la terre, une à trois sur cinq reprendra.

fruits gâtés

Si vos noisettes sont ***véreuses***, il faut griffer le sol en hiver, sur 10 cm de profondeur et juste avant un gros coup de gel. C'est là que se cachent les insectes qui viendront pondre l'année prochaine sur les fruits.

châtaignes

Conservez les châtaignes dans un lit de sable humide, au frais. Elles patienteront jusqu'à Noël, mais pas davantage. Quand j'étais gamin (il n'y a pas si longtemps…), j'aimais les manger crues, en les épluchant au canif. Croquantes et sucrées, elles agrémentaient mes longues escapades forestières.

L'arbre de longévité

bouturer

Le ***figuier*** est un arbre fruitier très décoratif et de plus en plus populaire ! Ceux qui naissent spontanément donnent souvent des arbres dont les fruits sont malheureusement sans intérêt. On les appelle ***caprifiguiers***.

Mieux vaut faire des boutures à partir d'une ***souche fructifère***. C'est facile : on arrache un rameau de 20 cm avec une languette de la branche qui le portait et on replante à l'ombre, en juillet. En septembre, il n'y a plus qu'à placer la bouture en pot, pour la planter le printemps suivant, après un hiver passé à l'abri. En région froide, le figuier vient mal.

guider

Une bonne idée, que l'on voit souvent en Angleterre, consiste à ***palisser*** les branches contre un mur, comme s'il s'agissait d'un rosier grimpant. Ainsi il profite de la chaleur du mur et ne craint pas les vents froids.

Le figuier peut aussi se ***conduire en plateau*** comme le mûrier. Il faut un figuier avec un tronc unique de 2 m de haut : étendez 4 branches en croix à l'horizontale, en les conduisant sur d'épais fils de fer tendus entre des piquets.

maturation

Enfin, si les fruits tardent à mûrir par chez vous, mettez une petite ***goutte d'huile*** dans l'œil du fruit : cela en hâte un peu la maturation.

Un coing, c'est tout

récolter

Les coings n'aiment pas rester au pied de l'arbre. Dès que le premier tombe, cueillez les autres.

Au ***réfrigérateur***, ils se maintiennent pendant plusieurs semaines, ce qui permet de les utiliser de diverses manières. Moi, c'est ***mijotés*** avec des oignons et des pruneaux, en accompagnement d'un ragoût, que je les préfère…

en compote

Si vous possédez un ***cognassier du Japon***, cousin du cognassier de verger, et que celui-ci forme des fruits, récoltez-les et faites-en de la compote. Ils sont un peu acidulés mais parfaitement comestibles une fois cuits. Il existe d'ailleurs une variété, nommée « Cido », dont les fruits sont encore plus doux, se rapprochant des pommes… avec une floraison couleur d'abricot !

Récoltez, c'est dans le sac !

bien au sec

E***nsachez*** les pommes dans du papier journal ou de vieilles enveloppes (en papier kraft) : si l'une se gâte, elle ne contaminera pas ses voisines !

Gardez des ***cagettes*** plastiques dans un coin. Elles auront toujours une utilité : transporter des godets, des plants, les récoltes… De même, gardez les barquettes en bois. Elles sont idéales pour récolter les fraises et les framboises, plutôt que le plastique.

Si vous gardez vos fruits (pommes, poires) sur un ***lit de paille ou de foin***, changez-le tous les deux ans, car ils peuvent abriter des germes qui nuisent à la bonne conservation. Des copeaux de pin peuvent servir à cet usage. Je me sers parfois de prêles séchées car contrairement à la paille, elles ne moisissent pas facilement !

congelés

Concernant les légumes, si la récolte s'étale, je congèle le produit des cueillettes au fur et à mesure dans un ***grand bocal***. À la fin, j'ai une grosse récolte, mais congelée !

en fosse

Les ***légumes-racines*** se gardent en cave, dans du sable humide. On peut aussi les enfouir dans une fosse de sable à l'extérieur, à condition qu'il n'y ait pas de mulots dans les environs ! Un vieux voisin procédait ainsi, en plaçant une tôle sur le dessus. Il disposait de ses carottes tout l'hiver ! Les racines se conservent mieux au réfrigérateur si on leur laisse la terre collée dessus. Lorsqu'on les consomme après la récolte, il vaut mieux les laver au potager. Un demi-tonneau plein d'eau sert alors de baquet de rinçage.

Verger sain mais naturel

cohabitation

Laissez pousser un rang de ***trèfle des prés*** (à fleurs roses) ou de ***luzerne*** au pied des arbres fruitiers. Les racines des premiers serviront aux seconds et les fleurs attirent aussi les butineurs.

entraver

Et si vous avez affaire à trop de vigueur face à un arbre qui pousse mais ne produit aucune fleur, tranchez-en une partie des ***racines***. Ouvrez une tranchée à 60 cm du tronc, sur 1 m de long et 40 cm de profondeur. Coupez proprement au sécateur 3 à 4 grosses racines que vous rencontrerez. Lorsqu'on fait souffrir un arbre, sans pour autant le mettre en en danger, il est mieux disposé à produire des fruits !

Aromatiques pas dramatiques

Ayez bon thym (et romarin) !

dégarni

Il est inévitable que le thym se dégarnisse au fil du temps. Pour y parer, on conseille classiquement de butter les rameaux sur toute la longueur dégarnie. Je procède différemment : je les arrache et je les replante profondément, en enterrant toute la partie nue des tiges. Mes pieds sont sains et ils n'ont pas cette butte à leur pied.

en bordure

Lorsqu'il s'agit de constituer de nouvelles bordures, je ne me casse pas la tête : j'achète de belles bottes de thym frais au marché, pourvue de racines nombreuses et pas sèches. Ces boutures reprennent très bien, enterrées de moitié.

serpolet

Là où je peux, j'implante du serpolet. Ce cousin du thym a la bonne idée de chasser les mauvaises herbes, par ***répulsion chimique***. En fait, il interdit toute autre végétation de venir s'installer sur ses plates-bandes !

Il faut le piétiner de temps à autre, car ses tiges doivent être plaquées contre le sol pour former ce tapis odorant et florifère.

délicat romarin

Le romarin est un arbuste délicat durant la première année. Je le couvre donc d'un voile durant le premier hiver.

J'ai intérêt à ce qu'il pousse vite car il a tant d'usages en cuisine ! Le fin du fin consiste par exemple à employer des tiges de romarin effeuillées pour embrocher des cubes de viande sur le barbecue. La saveur est incomparable !

rampant

Si la place manque au potager pour cultiver le romarin, essayez une variété rampante en bordure de massif ou en pot. Les formes horticoles sont aussi parfumées et ont parfois une floraison bleu foncé très décorative.

Persil et ciboulette sans boulette

capricieux persil

Le persil est peut-être encore plus capricieux que la mâche. C'est bien simple : je me contente de ***jeter*** des graines dans le potager, et je laisse pousser les plants où ils naissent.

Contrairement à une croyance répandue, le persil se ***repique*** sans problème : il faut juste le faire tôt et ne pas briser sa longue racine. Et je le laisse se ressemer en autorisant quelques pieds à monter à graines. Cela m'évite de le semer à nouveau.

facile ciboulette

La ciboulette est une plante aromatique qui fait l'unanimité, même chez les estomacs fragiles craignant l'ail ou les oignons. Elle se cultive très facilement, en ***bordures*** ou en ***grosses touffes***. Je la mélange à de la ***menthe*** 'Nanah' (la seule qui ait le droit de pousser librement chez moi !) : ainsi le mélange des deux forme un ***tandem aromatique*** dans lequel peu de ravageurs s'aventurent.

Je fais aussi appel à un succédané de la ciboulette : ***l'ail des vignes***. Malgré son nom, il ressemble bien à une ciboulette. On le repère grâce à ses feuilles fines, qui poussent sur les talus sableux à partir du mois de novembre, lorsque le reste de l'herbe se tasse. Fort en goût mais tout à fait comestible, il donne de la saveur aux soupes et aux omelettes hivernales. Pour les cuisiniers patients, l'ail des vignes forme de petites gousses en terre, qui sont d'un goût fin mais exigent un long épluchage !

fleurs comestibles

Saviez-vous qu'il n'y a pas que le feuillage que l'on mange, dans la ciboulette : les ***boutons***, lorsqu'ils sont encore fermés comme une bille rose, agrémentent les salades, les omelettes et autres préparations qui ne demandent pas une longue cuisson. Leur goût est plus sucré mais tout aussi marqué que les feuilles. Moi, je n'en abuse pas. Non pas que je n'aime pas ça, mais un rang de ciboulette en fleurs, c'est si joli !

Menthe sous contrôle

c'est vous qui décidez !

Pour contrer les ardeurs de la menthe, prompte à coloniser tout le potager, il est d'usage de la planter dans des ***pots enterrés***, comme des conteneurs en plastique hauts d'au moins 30 cm (pour ne pas que les rhizomes s'échappent par le bas du pot). Mais c'est laid ! Alors je plante ma collection de menthes dans des ***pots vernissés*** résistants au gel, que je déploie en alignement le long de mes bordures. C'est plus chic !

Si vous avez particulièrement apprécié la saveur d'un bouquet de menthe que vous avez acheté, bouturez-le ! Il suffit de laisser les tiges dans de l'eau (en changeant celle-ci dès qu'elle se trouble) pour voir apparaître des racines. Il n'y a alors plus qu'à replanter le jeune plant en le tenant dans du terreau humide. Il ne tarde pas à former de nouvelles pousses et des tiges souterraines.

maladies

Contre la ***rouille*** de la menthe et de la ciboulette, contentez-vous de couper le feuillage à ras. Les jeunes feuilles ne sont jamais attaquées.

conservation

Pour conserver la menthe, je procède comme pour le basilic, ou selon une recette spéciale : piler de la menthe fraîche avec du sucre. On obtient de la ***pâte de menthe*** qui se conserve très bien au frais, toujours prête pour aromatiser yaourts et sauces. Je la garde au congélateur en petits pots. Mon péché mignon : en glisser une cuillère dans une tasse de thé vert, en plein cœur de l'hiver. Un vrai moment de soleil !

Aromatiques en mélange

un goût d'anis

Le ***fenouil vivace*** (non tubéreux) fait partie des bons à tout faire au jardin. Au printemps, lorsqu'il commence à former ses nouvelles feuilles, on peut le forcer sous un voile opaque. Ses pousses étiolées et blanches agrémenteront les plats de poisson blanc, le riz et autres préparations un peu fades.

Je le laisse bien sûr fleurir (pour les butineurs) et monter en graines. Celles-ci me servent de condiment, à la façon du cumin : il n'y a rien de meilleur que des courgettes poêlées avec des graines de fenouil !

spontané

Je ne sème jamais le fenouil : je le laisse pousser où il veut, même dans les massifs. Ses feuilles vaporeuses et légères comme des plumes mettent en valeur toutes les floraisons.

subtil origan

Ratiboisez l'origan avant que les tiges ne montent à fleur, car son arôme est moins délicat. En faisant sécher les pousses taillées, on peut effectuer 3 récoltes dans l'année.

plante à bouillon

Et si vous manquez de quoi assaisonner un bouillon, pensez à planter un pied de ***livèche*** (dite aussi « âche de montagne »). C'est la véritable plante à bouillon, qui parfume les soupes, les potages mais aussi le sel de cuisine, en enfermant quelques feuilles avec du gros sel.

mélisse

Cette aromatique pousse toute seule : je n'ai encore jamais rencontré quelqu'un qui l'ai ratée dans son jardin ! Par contre, pour en faire de la ***liqueur*** (la fameuse Eau de Mélisse), c'est autre chose ! En effet, cette préparation ne contient pas que de la mélisse, loin s'en faut, mais surtout de la menthe, de la cannelle et bien d'autres épices. Difficile à reproduire à la maison, donc…

Arômes en conserve

séchées

Les ***aromatiques coriaces*** (romarin, thym, sauge, laurier) sèchent en gardant leur parfum. Pour les autres, ***à feuilles tendres***, il faudra choisir la congélation.

en bocal

Par exemple, je cueille les feuilles de ***basilic*** à plusieurs reprises dans la saison, en déshabillant le plant et en le coupant à 5 cm de haut, bien avant qu'il ne commence à former des fleurs. Comme il repart à chaque fois, j'obtiens trois récoltes.

Je tasse les feuilles dans un grand bocal et je congèle. Puis je pile les feuilles surgelées dans le bocal, jusqu'à obtenir des miettes. Elles seront prêtes à l'emploi pendant de nombreux mois, versées sur les plats juste au moment de servir… Je fais de même avec la ***menthe***, dont les arômes se conservent très bien ainsi.

en glaçons

On peut aussi congeler les herbes fraîches dans un bac à glaçon. Il n'y aura plus qu'à démouler un cube au moment de son emploi en cuisine.

Bonnes graines

jeunes pousses

Si vous récoltez vous-mêmes vos graines de légumes, vous pourrez avoir le plaisir de déguster de jeunes pousses. Sur une triple épaisseur de papier absorbant, on fait germer des graines de ***poireau***, d'***ail*** ou de ***basilic***. Lorsqu'elles ont 2 à 3 cm de hauteur, on les « tond » pour en agrémenter un œuf à la coque, une salade ou toute préparation un peu terne. Ces jeunes pousses sont fortes en goût !

un goût d'Orient

Si vous laissez comme moi le ***pavot somnifère*** se propager dans le jardin à son gré, vous pouvez très bien en récolter les graines pour en agrémenter les brioches et les pains : ses graines sont tout à fait comestibles (c'est une variété voisine qu'on utilise habituellement en pâtisserie, car plus prolifique).

nigelle

Vous aimez la cuisine orientale ? Récoltez également les graines de la nigelle de Damas, adorable fleurette annuelle dont les grains un peu poivrés s'emploient comme ceux du pavot…

1896
BELLE JARDINIÈRE
2, RUE DU PONT-NEUF, PARIS
JUILLET
1 M S. Thibaut
2 J Visit. de N-D
3 V S. Anatole DQ
4 S Ste Berthe
5 D Ste Zoé
6 L Ste Lucie
7 M Ste Aubierge
8 M Ste Virginie
9 J S. Cyrille
10 V Ste Félicité NL
11 S S. Norbert
12 D S. Gualbert
13 L S. Eugène
14 M FETE NAT.
15 M S. Henri
16 J Ste Estelle
17 V S. Alexis PQ
18 S S. Camille
19 D S. Vinc. de P.
20 L Ste Marguer.
21 M S. Victor
22 M Ste Madeleine
23 J S. Apollinaire
24 V Ste Christ. PL
25 S S. Christophe
26 D Ste Anne
27 L Ste Nathalie
28 M S. Samson
29 M Ste Marthe
30 J S. Abdon
31 V S. Germain

Fleurs et beautés du jardin

« Dans la joie ou la peine, les fleurs sont nos plus constantes amies » disait Kozuko Okakura. L'éclat des floraisons nous accompagne en effet tout au long de la vie : n'arrive-t-on pas dans ce monde comme on le quitte, c'est-à-dire avec des fleurs ? J'en connais peu qui n'aiment pas les fleurs… Rien de plus normal qu'on leur réserve la part belle du jardin, et qu'on les bichonne ! Chacune a ses exigences, ses petits caprices… et aussi ses astuces !

Leucojum seu Cheiri
Tab: 30

Plantes à malice

La vie en roses

nouvelle jeunesse

Les rosiers seront plus florifères et vigoureux si vous enterrez une ou deux ***peaux de banane*** à leur pied. Cela ressemble à une fausse astuce mais l'effet est bluffant : je n'en ai jamais été déçu !

Redonnez de la vigueur à un ***buisson fatigué*** en coupant les deux tiers des plus grosses branches au ras de la souche, en mars. De nouvelles pousses devraient apparaître courant mai et porter des roses dans la saison. Les grands classiques comme 'Madame Meilland' ou 'Queen Elisabeth' apprécient cette cure de rajeunissement.

protéger

Le ***buttage de la souche*** en hiver, avec de la terre légère, était pratiqué par les anciens de mon village. Sur les variétés fragiles (les roses modernes, aux fleurs turbinées), cette protection est utile, à condition de la retirer au début du mois d'avril. Ces deux astuces ne feront cependant pas de miracle sur un vieux rosier.

ne pas confondre

Attention d'ailleurs à ne pas confondre « ***vieux rosier*** » et « ***rosier ancien*** » ! Une rose ancienne est une variété qui date d'avant 1930, aux fleurs doubles et odorantes, mais qui ne refleurit plus après le mois de juin. Par opposition, on parle de rosiers modernes, fleurissant d'avril aux gelées, au port plus raide.

Les rosiers anciens ne se taillent presque pas, sauf s'ils prennent trop de place. Tous sont greffés sur des rosiers sauvages, qu'il ne faut pas laisser s'affranchir. Un rosier cultivé possède des ***feuilles à 5 folioles*** (divisions de la feuille), alors que le porte-greffe en a souvent 7. Si sur un rosier apparaît une tige avec des feuilles différentes, c'est que le porte-greffe risque de s'affranchir : il faut la couper aussitôt à son point de naissance.

couleurs

Les ***roses à fleurs foncées*** ont un coloris plus intense si on prend le soin de les adosser à un mur exposé au sud. Les ***roses au teint clair*** gagnent à être placées à l'ouest pour ne pas se décolorer.

Et si un grand rosier buisson produit trop peu de fleurs à votre goût, essayez de suspendre un caillou à chaque branche. La sève ralentie facilitera la ***mise à fleurs***.

bouturer

Enfin, les rosiers anciens peuvent se bouturer, surtout ceux qui ont un port d'églantine (petites fleurs simples en bouquets). Enterrez à moitié des tronçons de tige de 30 cm de long, à la mi-ombre, en automne. Les rosiers modernes ne sont pas très vigoureux et ne donnent rien de bon avec ce procédé.

Vivaces mais tenaces

ancolies

Comme bien d'autres fleurs vivaces (c'est-à-dire qui vivent plusieurs années de suite), les ancolies se ressèment joyeusement au jardin. Je les laisse monter à graines et, comme je suis du genre paresseux, je n'en récolte pas les graines pour les ressemer. Je secoue les ***têtes sèches*** au-dessus des massifs un peu dégarnis, où elles feront leur vie. Il suffirait de les secouer dans une vieille enveloppe en papier kraft pour les récupérer en vue de semis ultérieur.

fleurs doubles

Je ne fais guère confiance à la nature pour propager les variétés à fleurs doubles aux coloris que j'apprécie : avec un couteau, je prélève des ***portions de souche*** à la périphérie, que je fais reprendre en pot. Comme ça, je suis sûr du coloris des plants obtenus.

hémérocalles

Les hémérocalles fleuriront plus longtemps si vous vous astreignez à retirer les fleurs fanées chaque jour. Ne tirez pas simplement sur les pétales fleuris mais cassez la base de la fleur, afin de l'empêcher de monter à graines.

Une fois le tout défleuri, ne coupez pas les tiges à ras mais à 10 cm au-dessus de la feuille garnissant la tige : selon les variétés, un petit plant d'hémérocalle à bouturer s'y formera.

En voilà dont les fleurs sont aussi comestibles : on les consomme avant que les boutons ne s'ouvrent, à la poêle. Le goût un peu sucré ne plaît pas à tout le monde…

agapanthes

La meilleure période pour diviser les agapanthes est février-mars. Coupez les feuilles et tranchez la souche avec un couteau solide.

Vous pensez que les agapanthes sont réservées aux régions clémentes ? Détrompez-vous ! En effet, il existe des variétés à ***feuilles caduques*** qui résistent au froid, jusqu'à – 12 °C (et même davantage chez moi, sous une couverture de feuilles). Elles fleurissent d'un bleu foncé chaque été : un vrai bonheur ! Les plus résistantes sont les 'Headbourne Hybrids', que l'on trouve parfois en jardinerie : ouvrez l'œil !

lavandes

Les lavandes se bouturent en juillet mais vous pouvez tout à fait le faire en mars, en les tenant au chaud. Évitez qu'elles ne se dégarnissent en les taillant court chaque année : coupez au moins un tiers de la longueur des pousses de l'année.

vin de lavande

Avec le produit de la taille, composez un exquis vin de lavande : 20 brins dans un litre de vin blanc doux (du muscat, par exemple), pendant 10 jours. Lorsque les épis se décolorent, filtrer et laisser reposer la bouteille. Je me sers de ce nectar pour aromatiser les gâteaux et les sauces, mais on peut aussi le servir en apéritif !

tarte à la lavande

Essayez aussi de parsemer le fond de tarte de fleurs de lavandes (retirées de leur épi) avant de placer des oreillons d'abricots ou de pêche. Sublime !

campanules

Pour inciter des campanules à s'installer dans un mur, glissez des graines dans les anfractuosités dans lesquelles vous aurez versé du terreau tamisé au préalable.

Par ailleurs, taillez à ras les ***roses trémières***, les ***campanules vivaces*** et les ***delphiniums*** après la floraison. Cela fortifie les pieds qui sinon vivraient moins longtemps.

cyclamens

Replantez contre un mur de la maison les cyclamens défleuris. Ils sont bien plus rustiques qu'on ne le croit et peuvent rester en place durant des années, sans soin. Et pour redonner du tonus à un cyclamen qui flétrit, placez-le sur le pas de la porte, à l'extérieur. Le ***bol d'air frais*** lui fera du bien.

Haut les couleurs !

plus fleuris

Il n'y a qu'un seul secret pour obtenir un buisson de ***lilas*** encore plus fleuri : couper beaucoup de bouquets chaque année ! Cette seule taille suffit, mais il vaut mieux supprimer les rejets qui se forment parfois en grand nombre au pied. Ce tracas n'arrive jamais si l'on achète un lilas greffé, qui ne forme qu'un seul tronc.

Rabattre à ras le ***genêt d'Espagne*** : on obtient une boule hérissée se couvrant de jaune lors de la floraison.

camélia

Pour protéger un camélia en boutons contre le gel, on peut le couvrir d'un voile mais aussi bien placer une coquille d'œuf sur chaque bouton. Laborieux mais poétique…

fuchsia

Les fuchsias peuvent passer l'hiver en pleine terre là où les températures ne descendent pas en dessous de – 10 °C. Paillez copieusement le pied et taillez la touffe au printemps, en coupant simplement le bois mort.

Les belles grimpeuses

glycines

De toutes les grimpantes, la glycine est la plus capricieuse, car elle refuse de fleurir les premières années. Forcez-la à former des fleurs en la taillant court en fin d'été et en ne lui apportant que de la potasse au pied (pas d'engrais azoté).

Vous rêvez d'une ***glycine en pot*** ? Je vous conseille la variété 'Amethyst Falls', forme naine spéciale pour les pots. En la nourrissant bien, elle devient chez moi comme ses grandes sœurs, en plus florifère.

clématites

Une clématite couvrira plus facilement une palissade de bois si vous y fixez des bandes de grillage à grosse maille, sur lesquels les sarments de la clématite s'accrocheront. Ce type de grimpante peut par ailleurs flétrir subitement. Coupez-la à ras et laissez-la repartir.

Comme d'autres grimpantes (passiflore, glycine), les clématites sont très difficiles à bouturer : un équipement performant est nécessaire…

jasmin

Le « vrai » jasmin utilisé en ***pâtisserie*** n'est pas celui que l'on emploie en ***parfumerie*** (le jasmin officinal). Le premier est très frileux mais si vous disposez des fleurs du second, faites-en des sirops !

Coupez les cinq derniers centimètres des pousses de passiflore et de jasmin en septembre : cela fortifie les tiges et les force à s'endurcir avant l'hiver.

lierre

Saviez-vous que toutes les variétés de lierre vendues comme plante ***d'intérieur*** peuvent être plantées dehors ? Il suffit de le faire au printemps. Inversement, le lierre ***d'extérieur*** pousse très bien en intérieur, à l'année. Il supporte l'ombre et se plaît donc dans les pièces un peu sombres.

Inégalables fleurettes

violette et pensées

Ces petites fleurs de printemps ne sont pas les plus visibles, mais on les aime pour leur parfum ou le message des beaux jours qu'elles nous apportent ! Saviez-vous que, sur le plan botanique, c'est la même chose ? Ces fleurettes restent très populaires mais elles se forment vite. Lorsque leur souche vieillit, recouvrez les pieds d'une petite pelletée de terre (ou mieux, de compost) pour les revigorer.

La ***violette de bois commune*** se décline en de nombreuses couleurs et mêle parfois le blanc et le rose dans une même fleur. Divisez les pieds dont vous appréciez la couleur : les plants qui apparaissent spontanément n'ont pas toujours le même coloris que leurs parents.

en cuisine

Dans mon jardin, je ne me soucie pas vraiment de la couleur des violettes : c'est leur parfum qui m'intéresse.

En ***vinaigre*** par exemple : à 250 ml de vinaigre blanc, j'ajoute 200 ml d'eau pure, 5 morceaux de sucre, puis j'y incorpore un verre de fleurs de violettes fraîches. Quelques baies de myrtille (du marché, à cette époque !) écrasées dans cette potion lui donnent un peu de couleur. Au bout de 15 jours, il n'y a plus qu'à filtrer et conserver dans un flacon opaque, au frais.

au sucre

Le ***sucre*** de violette (des fleurs fraîches laissées à confire dans du sucre glace dans lesquelles on les a roulées) est facile à faire. Je le recommande pour aromatiser les yaourts ou toute préparation qui ne demande pas de cuisson (l'arôme est délicat). On peut aussi en faire de la ***gelée*** (une infusion durant une nuit à laquelle on ajoute de la pectine en poudre) mais le goût est moins marqué.

muguet

Si vous voulez obtenir du muguet fleuri au 1er mai, mettez des griffes avec un bourgeon renflé en pot dès la fin février. Gardez à 15 °C, à la lumière. Plus chaud, le développement s'accélère et plus frais, il se ralentit. Contrairement à la violette, le muguet n'est pas comestible. Pas question de l'inviter à la cuisine !

Pas mous du bulbe

bien choisir

Acheter des bulbes requiert un peu d'attention. Je me méfie toujours des soldes en la matière : certains sont vraiment intéressants, d'autres non. Les bulbes doivent avoir l'air frais, ne pas être ridés, sauf les anémones et les renoncules, puisqu'on doit les faire gonfler dans de l'eau froide avant plantation. S'ils sont secs ou moisis, j'éventre le sac et le jette à terre : on ne devrait pas vendre une marchandise pareille !

tulipes

Les bulbes de tulipe ont besoin de ***fraîcheur*** : s'ils sont vendus dans un endroit surchauffé, vous risquez de ne pas en voir la floraison ! Mais placez des ***bulbes de printemps*** (jacinthes, tulipes, narcisses) dans le bac à légumes du réfrigérateur en août-septembre pendant 5 semaines : ils seront alors prêts à être forcés, c'est-à-dire mis en culture dans la maison, à contre-saison.

Apportez de toute façon un peu d'engrais liquide aux jacinthes et narcisses cultivés sur carafe ou sur gravier, pour les nourrir.

rongeurs

Contre les mulots du jardin qui se repaissent des tulipes, il n'y a pas beaucoup de solutions, sauf planter les bulbes dans une ***cage*** faite de grillage à maille de 1 cm de côté, que l'on enterre sous 10 cm.

Si vous hésitez sur le sens de plantation des bulbes, plantez-les sur le flanc : les tiges et les racines sauront dans quel sens aller ! ***En terre lourde***, disposez les bulbes sur un gros lit de sable mêlé à de la cendre, et plantez dessus comme à l'accoutumée.

réserves

Après la floraison, il est important de laisser les bulbes reconstituer leurs réserves, même si le feuillage est encombrant. S'ils sont ***en pot***, on peut les replanter au potager, où on les laissera faner. ***En pleine terre***, on peut les déplacer à cette occasion. Il suffit de les déterrer avec la motte, sans briser les feuilles ni les racines, et de les replanter au soleil, à la même profondeur.

Coupez les fleurs fanées de ***narcisses*** et de ***tulipes***. Il ne sert à rien de les laisser monter à graine car ils ne se ressèment pas d'eux-mêmes.

jacinthes

De tous les bulbes, les jacinthes sont parmi les plus simples à vivre. Replantez par exemple au jardin les jacinthes achetées en fleurs, dès que les fleurs fanent. Le bulbe a assez de réserve pour refleurir l'année suivante. Coupez les fleurs des jacinthes au fur et à mesure qu'elles s'épanouissent, et coupez la tige sitôt la dernière fleur flétrie : une seconde inflorescence n'est pas rare.

conservation

Une fois fanés, les ***narcisses*** et les ***jacinthes*** peuvent rester en pleine terre. Les ***tulipes*** gagneront à passer le reste de l'été en cave, ce qui leur évitera de dégénérer. On les suspendra dans un vieux collant ou on les gardera dans de la sciure, tout simplement ! Saupoudrez de poudre de soufre les bulbes gardés en cave, s'ils sont sujets au pourrissement.

lis de la Madone

Plantez tous les lis profondément (20 cm) et en automne. Une seule exception : le lis de la Madone, à planter à ras du sol et en été. La plantation est l'occasion de multiplier ces bulbeuses raffinées : il suffit de placer des écailles, arrachées au bulbe, dans une terrine emplie de terreau et de sable. Si vous les enterrez à moitié, de minuscules bulbes se forment à leur base quelques semaines plus tard. Ces bulbilles se forment aussi sur la tige de certains lis, à partir du mois d'août. Mais ce n'est qu'après trois ans au moins de culture qu'on peut espérer une floraison !

Belles mais fragiles exotiques

gloriosa

Prenez garde à manipuler les rhizomes de gloriosa (dit aussi « ***lis de Malabar*** ») avec autant de protection que les colchiques : avec des gants et hors de portée des enfants et des animaux domestiques. Le premier est aussi ***toxique*** que le second.

cannas

Les cannas, quant à eux, gagneront à être replantés en pot à l'automne, plutôt que conservés à racines nues en cave. Ils repartiront plus vite au printemps et serviront même de plante d'intérieur dans une pièce lumineuse ou la véranda.

il y a amaryllis et amaryllis

Les ***vrais amaryllis*** sont des bulbes de jardin fleurissant rose en août-septembre, mais qui ne supportent pas le gel. Ils ne sont pas très courants mais on les trouve dans les jardineries et certains catalogues, d'où un risque de confusion.

amaryllis d'intérieur

Les « faux » amaryllis sont en fait des ***Hippeastrum*** : ce sont ceux dont les gros bulbes produisent ces incroyables fleurs en forme de phonographe ! Échelonnez leur plantation (un bulbe toutes les trois à quatre semaines) en pot, à l'intérieur. Les floraisons pourront ainsi se relayer.

Coupez-en le ***pistil*** (la sorte d'éperon blanc sortant de la fleur) dès qu'elles s'ouvrent. Les fleurs faneront moins vite. Cette astuce marche aussi avec les lis, qu'ils soient en bouquets ou cultivés dehors.

Pour les faire refleurir, il suffit de placer le pot à la lumière après la floraison. Le bulbe se nourrit via les feuilles et forme une touffe de plus en plus grosse chaque année.

Fiers dahlias

grosses fleurs

Les dahlias ne sont pas vraiment des bulbes au sens botanique, mais ils se traitent comme tels. Vous obtiendrez des capitules de dahlias plus gros en supprimant les boutons secondaires naissant aux côtés des plus gros. Ou alors faites l'inverse pour profiter de davantage de fleurs, mais elles seront plus petites.

multiplication

Au printemps, on peut ***diviser les souches*** en les tranchant en 3 ou 4 morceaux avec un couteau, et en replantant chaque fragment séparément. S'il est muni d'une portion de la souche (la partie fibreuse et coriace qui a séché durant l'hiver), chaque morceau fleurira.

On peut aussi les ***bouturer*** à partir du mois de juillet, en plaçant des morceaux de tige de 15 cm dans un mélange léger. Après enracinement, la bouture produit des feuilles et des racines charnues, que l'on hivernera comme les autres. Les professionnels procèdent ainsi.

Boostez les floraisons

en vacances

Sacrifiez les ***boutons*** avant de partir en vacances : d'autres se formeront pendant votre absence et vous retrouverez les plantes fleuries à votre retour. Les hampes de ***glaïeuls*** dureront quant à elles plus longtemps si vous enlevez les fleurs fanées (celles qui se trouvent à la base).

mini-bulbes

Lors de l'arrachage, enlevez les bulbilles autour du bulbe principal (appelé « corme » par les botanistes) pour préserver la vigueur des plants. Sinon, ces rejets se développent au détriment de la floraison.

pas de floraison ?

Les fleurs se font attendre ? Soyez patient ! Certaines plantes ne fleurissent jamais durant l'année qui suit leur plantation. Les ***alstroémères***, les ***lilas*** greffés et les petits ***magnolias*** vous feront par exemple patienter durant trois ans au moins.

Mazette
les massifs

Insolite et bonnes trouvailles

légumes exotiques

Plus de gaieté dans les massifs, avec de l'exotisme en plus, sans se ruiner ? Je combine les trois en invitant des légumes exotiques dans mes massifs, que j'achète au kilo dans les épiceries exotiques, à bon marché.

Les ***taros*** donnent par exemple de très jolies feuilles, sur lesquelles les gouttes de rosées brillent. Au pied, je bouture en pleine terre des morceaux de misère, qui me servent de couvre-sol coloré.

bettes ou choux ?

Vous pouvez aussi enrichir les massifs en y plantant des légumes que vous récolterez plus tard : bettes colorées, chou-palmiste, choux à feuilles frisées, fenouil tubéreux. Repiquez des betteraves parmi les fleurs d'été (pétunias, bégonias…). Les feuilles pourpres apporteront de la couleur en saison et vous disposerez d'une récolte lorsqu'il faudra arracher tout ce petit monde. Cela permet aussi de gagner de la place au potager.

contour

Si vous devez remodeler le contour d'un massif, guidez-vous sur le tuyau d'arrosage, posé au sol : vous visualiserez mieux la forme à obtenir.

verger fleuri

Dans mon verger, j'ai pour habitude de replanter mes excédents de plants de ***lupins*** et de ***mauves***, pour attirer les butineurs. Je retourne aussi la terre par petits emplacements pour y semer des fleurs annuelles : cela me fait une mini-prairie fleurie !

Osez le relief

à proscrire

Pour agrandir virtuellement un jardinet, on conseille parfois de placer des ***miroirs***. Ce n'est pas une bonne idée, car les oiseaux croyant voir le ciel s'y fracassent.

sur pilotis

Créez plutôt du ***relief*** en plantant des végétaux de plus en plus haut vers le fond… et aménagez un sentier perché sur des piliers de plus en plus hauts. Cela demande un peu de bricolage mais c'est efficace !

Ou alors, donnez de la hauteur à une plate-bande en plantant un arbuste en arrière-plan, dans un pot très haut ou un tonneau sans fond, et camouflez la base avec des végétaux gardant leurs feuilles toute l'année.

Profitez davantage de votre jardin en surélevant une ***terrasse*** au milieu de celui-ci, un peu comme un ring (sans les cordes !). Vous dominerez vos plantations et profiterez davantage des arbustes.

talus et fossés

Vous pouvez aussi creuser des fossés pour améliorer le drainage. Pour ma part, j'accumule toute la terre et les déchets de jardin au même endroit. Petit à petit, se crée une butte, qu'il n'y a plus qu'à planter pour obtenir un point de mire… Mon grand-père plantait de petites haies sur de hauts talus : ainsi l'eau y était mieux retenue… et au moins il était protégé des regards sans avoir à tailler !

en pente

Dans le cas d'un terrain incliné, il faut aménager des restanques, sorte de ***marches*** géantes où le terrain est plat. Pour rendre un passage en pente moins glissant, incrustez dans le sol des ***planchettes*** de chêne posées sur le flanc. Laissez la tranche dépasser d'un centimètre, pas davantage.

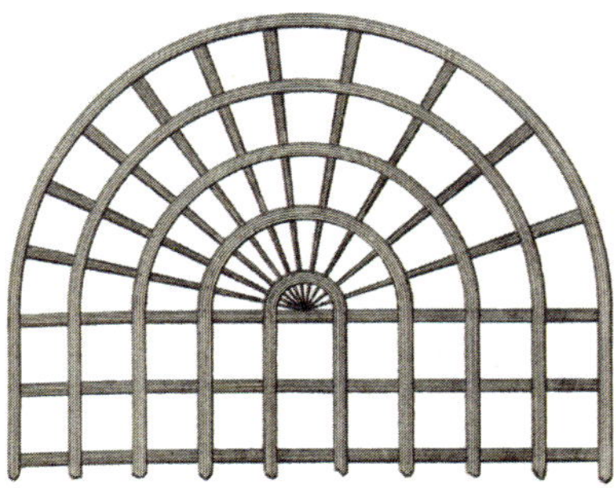

Enrichissez votre espace

toute l'année

Un jardin bien conçu ne doit pas être attractif qu'à une seule saison. Variez les types de floraison, sans privilégier une saison (comme le printemps en ne plantant que des bulbes à fleurs printanières). En cas d'aléa climatique, le jardin perdrait tout intérêt durant une année entière !

en liberté

Donnez un air plus fou à une terrasse en enlevant quelques dalles par-ci par-là. Plantez des ***cistes***, des ***lavandes*** ou autres ***plantes en coussins*** dans ces espaces libérés.

voûte verte

Laissez pousser en hauteur deux arbustes poussant de part et d'autre d'un portail, pour les réunir en une arche ensuite. Les ***rosiers grimpants*** et les ***glycines*** s'y prêtent bien, mais les ***charmes*** aussi, tout comme le ***cytise***.
Ce dernier peut d'ailleurs se mener comme une glycine jaune, car son bois est souple et non cassant.

e
d

Pour des fleurs plus belles

Sur la paille mais heureuses

tontes et tailles

Au pied des fleurs de tout type, une couche de tontes de gazon (sèches ou en petites couches), de feuilles mortes ou de paille garde l'humidité, limite les arrosages et les apports d'engrais.

Lorsque je taille des arbustes, je coupe les tiges en petits morceaux, au sécateur. C'est plus rapide et tout aussi efficace que le broyeur de végétaux !

double couche

Je fais aussi un ***paillis*** en deux couches, en déposant par exemple, des tontes sur des tailles de conifères. C'est encore plus efficace et se décompose mieux.

foin

Le foin peut être employé en paillis jusqu'à la mi-juin : tant qu'il ne comporte pas de tiges en graines, il ne risque pas d'ensemencer inopinément les plantations.

Froid, moi ? Jamais !

emballages

Contre le froid, toutes les ruses sont bonnes. Par exemple, je stocke le ***plastique à bulles*** servant à emballer, pour en faire des protections hivernales efficaces.

De même, on peut récupérer les frites d'emballage en ***polystyrène*** et les glisser dans un filet pour protéger une souche. J'utilise une autre technique : je coupe à ras, je recouvre de feuilles mortes, je pose par-dessus une plaque de polystyrène de récupération et enfin je cale le tout avec une grosse pierre. Sinon, un pot retourné empli de paille suffira.

branches

Les tailles de ***conifère*** servent aussi de couche isolante, surtout après Noël, lorsque le sapin est bien sec ! Les ***feuilles de bambous*** et les frondes de ***fougères*** sèches me servent aussi beaucoup.

Sur le tronc des jeunes arbres et les branches fragiles, j'emploie de la gaine isolante pour canalisations.

châssis

Un châssis est très utile. Jadis, on les faisait très profonds pour y hiverner les arbustes fragiles (les daturas, les fuchsias à grosses fleurs…). En récupérant de vieilles ***fenêtres*** ou des doubles vitrages de grande dimension, on peut s'en constituer un facilement.

Et pour le chauffer au printemps ou le tenir hors-gel, placez-y une de ces vieilles guirlandes, qui consomment peu mais restent tièdes : elles feront un chauffage décoratif !

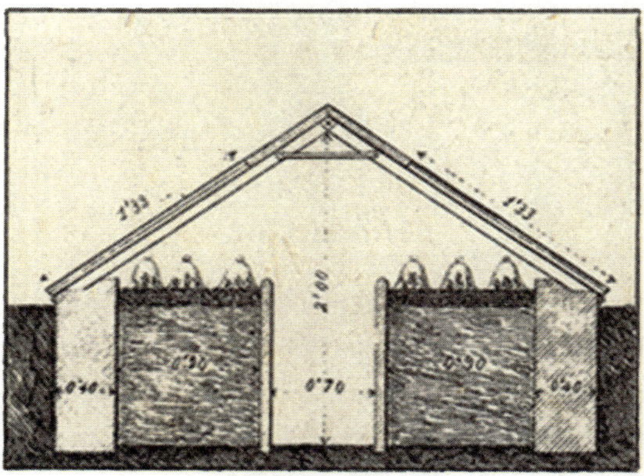

cloches

Faute de cloche maraîchère, de gros ***bocaux*** renversés font aussi bien. Une autre cloche improvisée mais efficace : une cagette retournée et couverte d'une feuille de plastique fixée à l'agrafeuse. Suffisant pour protéger les jeunes plants contre les gelées tardives du mois de mai, par exemple.

Je constitue aussi des « tipis », sorte de petites ***tentes*** que je couvre de voile d'hivernage, très efficace pour protéger les buissons fragiles.

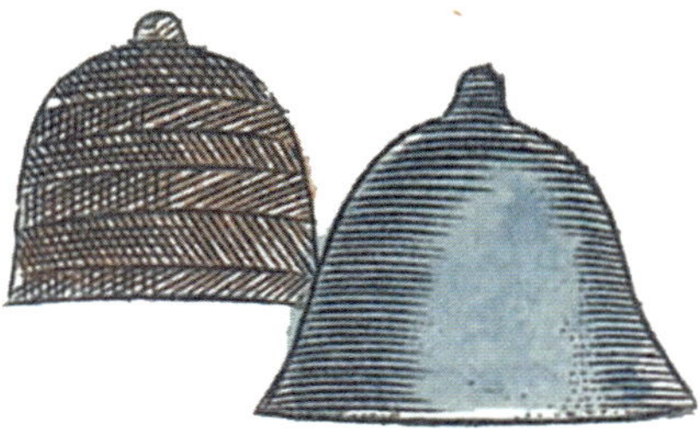

réchauffer

Au printemps, lorsque la chaleur manque, il vaut la peine de disposer des morceaux de ***tuile*** autour d'une plante pour la réchauffer. Et je laisse en permanence un tapis de pierres plates au pied des frileuses.

On peut aussi aménager une ***côtière***, c'est-à-dire un massif en pente, face au soleil. Les semis ou les plantes exotiques y seront plus à l'aise.

Il est également possible de récupérer les petites ***citernes*** d'eau minérale (de 5 l) pour les transformer en cloches en en découpant le fond. On aère la plante en dévissant le bouchon !

neige

Laissez la neige en place, car c'est le meilleur isolant contre les grands froids. Secouez les branches des arbustes croulant sous le poids de la poudreuse.

D'ailleurs, par temps de neige, il faut marcher le moins possible sur la pelouse, sans quoi les traces de pas se verraient sur le gazon au dégel, « brûlé » par le piétinement…

vent

Contre le vent, préférez une maille brise-vent ou une haie plutôt qu'un mur : derrière ce dernier, le souffle retombe avec plus de force. Lorsqu'on souhaite planter un balcon, c'est la première chose à faire : accrocher un brise-vent sur toutes les faces exposées. Les plantes y seront tellement mieux !

Ayez l'étiquette !

signaler

Ne brisez pas vos fleurs par inadvertance en hiver, parce que vous avez oublié qu'elles étaient là ! Repérez-les avec un ***piquet*** ou un ***caillou*** remarquable, à l'automne.

nommer

N'oubliez pas non plus de noter le nom de la plante : « Une plante sans nom est une plante perdue », a-t-on coutume de dire chez les pros. Enterrez l'étiquette de couleur accrochée au pot au moment de la plantation. Ou alors, inscrivez le nom sur un support futé : un bâton d'esquimau, un bout de branche rabotée, un tesson d'ardoise, un galet…

Sur la partie plate des coquilles Saint-Jacques, écrivez le nom des plantes à l'encre indélébile. Ces élégantes étiquettes resteront discrètes dans les plantations.

Sur les arbres et arbustes, accrochez les étiquettes au tuteur et non au tronc afin de ne pas les étrangler. Si vous venez d'effectuer des semis, indiquez-les en fixant le paquet vide à un piquet avec une pince à linge. Le vent n'emportera pas le pense-bête.

Ça déménage !

préparer

Si vous changez de jardin, vous pouvez emmener vos plantes avec vous. Tranchez les racines l'automne qui précède et arrachez la plante en motte, au printemps ou à l'automne si vous en avez la possibilité. Préparez des éclats et des boutures dans de petits pots, que vous n'aurez qu'à replanter.

vieux rosiers ?

Les vieux rosiers en place peuvent être transplantés ailleurs, lors d'un déménagement, de travaux ou tout simplement pour relooker le jardin. Rabattez sévèrement le buisson, déterrez-le sans la motte, coupez-le à un point net et traitez-le comme un jeune rosier.

ravalement

Si la façade de la maison doit subir un ravalement, négociez avec l'artisan pour déplacer le moins de végétaux possible. Emmitouflez-les dans du plastique transparent. Écartez les arbustes au moyen de cordes et de piquets, ou coupez-les très court.

Emplettes rusées

fausses occasions

Profitez des plantes soldées ! Il y a des affaires à faire, mais il faut avoir la main verte. Délaissez tout rosier vendu en motte (en filet) et comportant de grandes pousses, car il ne donnerait rien de bon. Délaissez tout arbuste vendu à racines nues après le 15 mars. Dans tous les cas, n'hésitez pas à sortir la plante de son pot : des ***racines blanches et charnues*** sont un bon signe.

rentabiliser

Parmi les potées et les fleurs de saison, préférez les plants encore en ***boutons***, plutôt que ceux dont les fleurs sont déjà bien épanouies. Les fleurs dureront plus longtemps chez vous.

en groupe

Pensez aussi à grouper vos commandes avec vos voisins et amis. Cela diminue les frais de port et contourne le problème des montants minimums de commande parfois imposés.

Potées et bouquets

Quelle tristesse, ces maisons où pas une seule plante en pot, pas un bouquet ne viennent égayer les lieux ! Heureusement, cela n'arrive pas souvent. Dehors, au jardin ou sur la terrasse, elles sont aussi indispensables. En intérieur, les potées, c'est l'âme du lieu, surtout quand le chat s'y intéresse ! C'est la dose de nature dans nos intérieurs trop secs. Dans ma chambre, j'ai eu jusqu'à plus de 100 potées. Il ne faut pas tomber non plus dans l'excès ! En tout cas, on pourrait presque affirmer qu'il n'y a pas de jardinier sans pot…

Des belles d'intérieur

Du vert pour pas cher

ananas

Pas besoin de se ruiner pour obtenir des plantes vertes ! Je récupère de temps à autre des rosettes d'ananas. Je leur enlève les restes de chair et les feuilles flétries de la base. En l'enterrant de 3 cm dans un ***terreau très fibreux*** et au chaud, l'ananas s'enracine en quelques mois. J'en garde ainsi depuis des années. Mais je n'en espère pas de beau fruit, tout juste un mini-ananas !

patate douce

Avec la patate douce, c'est plus simple : on enterre le tubercule à mi-hauteur, la partie la plus arrondie vers le haut. Il se forme un torrent de ***feuilles arrondies*** d'un vert clair très agréable. On peut d'ailleurs la replanter au jardin en mai… et récolter en septembre !

gingembre

Une main de gingembre plantée sous 5 cm de terreau humifère et gardée à 25 °C au moins donne de belles ***feuilles élancées*** à la saveur aromatique, en quelques semaines.

plantules

Ne jetez pas vos pépins ! Les fruits exotiques comportent des graines dont certaines donnent des plantes d'intérieur après semis. C'est le cas de l'***avocat***, mais aussi de la bibace (la ***nèfle du Japon***, dont l'arbre adulte résiste à – 7 °C), de la ***papaye*** (petit arbre très frileux !), de la ***goyave*** et de la ***figue de Barbarie***. Le fruit vert de cette dernière peut s'enraciner à la façon de la patate douce, posé sur le flanc.

palmiers

Si vous êtes patient, vous pourrez même semer des noyaux de ***datte*** pour obtenir de petits palmiers. Mais il faut attendre de 3 à 6 mois pour entrevoir la première feuille ! Les ***noix de coco*** attendant en rayon depuis longtemps peuvent aussi germer en 6 mois, au chaud et à l'humidité. C'est une plante qui ne peut survivre longtemps dans la maison (il lui faut 25 °C et le plein soleil toute la journée…).

rentable

Les graines du commerce sont aussi intéressantes. Semez des ***plantes d'appartement*** pour décorer votre intérieur à peu de frais : l'*Asparagus sprengeri* et le bananier d'intérieur sont très faciles à réussir et poussent vite.

boutures

Enfin, pensez à bouturer les plantes que vous taillez. Les extrémités de ***yuccas***, de ***philodendron***, de ***caoutchouc*** s'enracinent facilement pour donner une nouvelle jeune plante.

Orchidées en liberté

aux petits soins

Lorsqu'elles sont exposées aux ***courants d'air***, les orchidées forment des feuilles pliées en accordéon : curieux mais pas forcément joli. Évitez d'ouvrir la fenêtre trop longtemps à proximité !

refloraison

Pour faire refleurir une orchidée, comme les très populaires cymbidiums, sortez la plante à l'ombre l'été ; arrosez-la avec de l'engrais. Gardez-la au frais et à la lumière à partir d'octobre jusqu'à décembre. Les boutons se forment en bourgeons très peu pointus à la base.

régénérer

Le pied se garnit de vieux « ***pseudobulbes*** » (les parties charnues à la base, faisant penser à des bulbes) ayant perdu leurs feuilles. Même ridés et ternes, ils peuvent donner un jeune pied : il suffit de les séparer au couteau et de les enfermer dans un sac avec de la mousse humide. Au chaud et à l'ombre, de jeunes pousses s'y forment en deux mois.

substrat

Je n'achète pas de ***mélange pour mes orchidées***, car je le fais moi-même : un tiers de mousse des bois hachée aux ciseaux, un tiers d'écorces broyées (avec le broyeur de végétaux) et un tiers de laine de roche émiettée. Bien mélanger et imbiber avant emploi.

orchidée-papillon

Les plus faciles à cultiver sont les orchidées-papillon (phalaenopsis). Coupez-en l'***inflorescence*** à 5 cm au-dessus de l'écaille présente sur la tige lorsque les fleurs se fanent. Avec un peu de chance, une nouvelle inflorescence se formera à ce niveau.

Fleuries et pimpantes

au frais

Les ***potées fleuries*** n'aiment pas les fortes températures. Laissez les compositions comportant des ***primevères*** ou des ***bulbes*** sur le rebord de la fenêtre durant la nuit. S'il gèle, gardez-les à l'intérieur. Les ***azalées*** ne craignent pas un petit coup de froid sur le matin.

rosettes

Les rosettes des ***broméliacées*** ne doivent jamais être arrosées par le cœur, mais par la motte, comme n'importe quelle autre plante.

Lorsque leur ***épi*** fane, coupez-le et attendez que des rejets se forment au pied : chacun donnera naissance à un pied distinct si vous le séparez de la vieille souche à l'aide d'un cutter, avec quelques racines. Lorsqu'ils seront devenus gros, enfermez-les avec une pomme dans un sac plastique pour les faire fleurir.

à l'eau

Les ***gerbéras*** ont besoin de beaucoup d'eau, comme les ***narcisses*** cultivés en pot. Ce n'est pas le cas de toutes ces belles donzelles : si un ***poinsettia*** (ou étoile-de-Noël) flétrit, c'est souvent qu'il a trop d'eau.

Laissez toujours l'eau se mettre à ***température de la pièce*** avant d'arroser. J'utilise un petit arrosoir d'intérieur, qui attend en permanence dans la cuisine : j'ai toujours une provision d'avance !

Faites-leur une scène

bonne compagnie

Plusieurs plantes d'intérieur peuvent tout à fait pousser dans un même pot. Regroupez-les ***par affinité*** (mêmes besoins en arrosage et en lumière). Un pot trop gros sera problématique, car on doit souvent le déplacer en intérieur !

Les potées auront meilleure allure avec une ***plante tapissante*** enracinée à leur pied et couvrant la terre. Du lierre sauvage fera l'affaire, mais l'helxine est plus moussue d'aspect. À utiliser sans modération.

dépoussiérées

Une éponge imbibée d'***eau tiède*** suffit à nettoyer les feuilles : pas besoin du moindre produit. Les produits lustrants sont à éviter, car ils étouffent les feuilles.

Par temps doux, ne manquez pas de sortir les plantes d'appartement pour les laisser profiter de la ***pluie***. Cela les nettoiera en douceur et sans peine !

inspection

Passez en revue les plantes que vous rentrez dans la maison : quelques ***pucerons*** cachés ont tôt fait de fonder une colonie, qui affaiblira considérablement la plante.

Des ***pelures d'agrumes*** accrochées dans les rameaux peuvent aider à dissuader les insectes importuns. Mais n'en espérez pas trop non plus !

Surtout, gardez les vers de terre et les cloportes qui sont venus avec la terre de rempotage ! Ils sont utiles et pas du tout nuisibles pour les plantes.

lumière, s.v.p. !

Placez les plantes d'intérieur près des ***fenêtres*** en automne : les risques de brûlures par le soleil ne sont plus à craindre à cette saison. Tournez le pot d'un demi-tour chaque semaine si la plante a tendance à se pencher vers la lumière (c'est le signe qu'elle est trop à l'ombre).

en extérieur

Sortez toutes vos plantes d'intérieur (excepté les plus fragiles orchidées) ***fin mai*** : vous gagnerez à leur faire passer l'été dehors. Elles se fortifieront et passeront mieux l'hiver en intérieur. N'exposez pas ces potées directement au soleil mais laissez-les à l'ombre d'un arbuste. Et si vous n'en disposez pas, mettez-les sous un parasol pour éviter toute brûlure irréparable sur les feuilles !

coup de froid

Si vous avez tardé à rentrer vos plantes d'intérieur à l'automne, elles ont pu souffrir d'un petit coup de gel sur les feuilles. Coupez celles qui sont atteintes et attendez la formation de nouvelles. Si le froid a été trop intense, il ne sera pas possible de sauver la plante…

Bien nourries, bien humectées

compost maison

Si vous avez la possibilité de vous en procurer, cultivez vos plantes d'intérieur dans du compost de jardin fait « maison » : elles adorent ça !

Sur une plante récemment ***rempotée*** (moins d'un mois), faites des économies : ne lui apportez pas d'engrais. En effet, ses racines encore mal installées sont de toute façon incapables d'assimiler les minéraux que vous leur apportez.

eau de cuisson

Ne jetez pas l'eau de cuisson des poissons mais versez-la – une fois refroidie – aux grosses potées d'extérieur, qui apprécieront les ***oligo-éléments*** ainsi apportés.

paillis

Il y a une astuce que j'applique à toutes mes plantes d'intérieur : le paillis. Celui-ci n'est pas réservé aux plantes d'extérieur. Une petite ***couche d'écorces*** ou de ***feuilles***

sèches broyées leur fait le plus grand bien. Au pied des plus soiffardes, déposez une couche de galets de verre colorés (ils se trouvent en filets) : cela décore le pied et conserve l'humidité.

engrais liquide

Autre petit soin : le ***thé de guano*** (une cuillère à soupe de guano dans un demi-litre d'eau bouillante). Une fois refroidi, cet engrais liquide est très apprécié.

eau pure

Les plantes d'intérieur adorent l'***eau de pluie***. Enfant, j'en récupérais dans les moindres flaques pour mes nombreuses protégées ! On peut aussi récupérer la ***neige*** et la laisser fondre. Je fais pareil… avec l'***eau de dégivrage***, qui est très pure !

Certaines plantes d'intérieur doivent en revanche avoir un peu soif en hiver – c'est le cas des ***échevérias*** et des ***sédums*** –, sans quoi elles pourrissent.

anti-calcaire

Dans l'eau du robinet, versez le ***jus d'un citron*** avant d'arroser les plantes : l'acide du jus neutralise une partie du calcaire qu'elle contient. Dans tous les cas, videz la soucoupe d'eau sous les pots 24 heures après un arrosage. Sinon, le risque de chute de feuilles augmente.

humidité

Les ***orchidées*** et les ***fougères*** apprécient une atmosphère humide : placez-les sur une large soucoupe emplie de billes d'argile humide. Et si les feuilles sont empoussiérées, passez-les sous la douche (tiède) !

La ***salle de bains*** est d'ailleurs la pièce idéale pour les potées qui ont besoin d'humidité. Mais il n'est pas interdit de les amener dans la cuisine, lorsqu'y mijote un plat en hiver et que l'atmosphère y est saturée d'eau !

papyrus

Les potées de papyrus pour leur part adoreront passer l'été ***le pied dans l'eau***, dans un bassin par exemple. Le vrai papyrus (qui ne s'enracine pas lorsqu'on en place une tête dans l'eau) ne doit pas subir de températures inférieures à 5 °C.

vacances

Avant de partir en vacances, regroupez les pots à l'ombre, à l'abri du vent. Arrosez-les copieusement (sans ajouter d'engrais). Si elles sont ***soiffardes***, deux solutions : soit les munir de soucoupes bien remplies, soit les poser sur une toile très absorbante dont une extrémité trempe dans une grosse réserve d'eau.

Des potées pas empotées

Des agrumes sans pépins

mise à fruits

Pour forcer un citronnier à fleurir et donc à fructifier, assoiffez-le un peu. Une fois les jeunes fruits formés, les ***arrosages*** doivent être réguliers et copieux : là réside tout le secret des beaux agrumes !

en intérieur

Seul l'***oranger calamondin*** supporte les chaudes températures, mais pas trop élevées non plus : il souffre à partir de 18 °C. Ses petits fruits sont très acides, mais je me sers de petits rameaux garnis pour décorer les gâteaux à l'orange : succès assuré !

faux-citron

En extérieur, le ***poncirus*** est très intéressant… mais épineux ! Dommage que ses fruits ne soient pas comestibles. Seule consolation : trois d'entre eux dans une coupe parfument une pièce entière…

en gâteaux

Pensez à garder les ***fleurs sèches d'agrumes*** : elles parfumeront un cake ou des crêpes, il suffit de les ajouter à la pâte.

semis de pépin

Avec les pépins séchés au préalable pendant quelques jours sur un papier absorbant, faites un semis et pouponnez de jeunes agrumes. Ils lèvent facilement dans du terreau gardé au chaud. Les arbustes qui en pousseront n'auront pas les qualités gustatives de leur parent… C'est juste pour la déco !

Du piquant avec les cactus

double régime

Arrosez sans crainte les cactées en ***été***. Elles adorent l'eau et apprécient une bonne pluie de temps à autre. Passé la fin ***septembre***, elles ne doivent plus recevoir une goutte de pluie jusqu'au mois de ***mars***, sauf flétrissement extrême.

Une forte lumière et une température de 5 °C seulement conviendront à quasiment toutes les cactées et les plantes succulentes.

cactus à fleurs

Il ne faut pas confondre le ***cactus de Noël*** (Schlumbergia) avec le ***cactus de Pâques*** (Hatiora). Le premier doit être assoiffé à partir d'octobre pour qu'apparaissent ses boutons floraux. Le second doit être moins arrosé à partir de février… quand le premier fleurit !

Les cactus ont des ***fleurs magnifiques***, de courte durée mais de taille extraordinaire pour certains. Les sujets vendus avec de petites fleurs colorées dessus ne constituent qu'un attrape-nigaud, qu'il faut enlever dès que possible car la colle qui les lie fait pourrir la plante en la blessant.

cassure

Si une cactée pourrit de la base ou que vous en avez cassé un morceau, coupez au couteau jusqu'à une partie saine. Laissez sécher au sec pendant deux à trois semaines et replantez dans du ***sable pur*** jusqu'à l'émission de racines.

rustiques

Le saviez-vous ? Il existe des cactus rustiques, capables de résister à – 20 °C et donc de pousser au jardin ! Dénichez-les auprès de pépiniéristes spécialisés dans les cactées. Le début d'une passion, peut-être ?

manipulation

Pour ne pas vous piquer, manipulez les cactées dans du carton ou avec des ***pinces à feu***. Et lorsqu'il s'agit de les désherber, j'utilise de longues pincettes, très efficaces pour saisir les herbes indésirables.

Les bonsaïs ont tout des grands

longue vie

Deux ***secrets*** pour conserver un bonsaï : arroser souvent mais peu (la motte ne doit jamais sécher ni tremper dans l'eau) et couper les nouvelles pousses pour n'en garder qu'un bourgeon à la fois.

Ne rentrez jamais dans la maison un bonsaï d'extérieur, sauf pour quelques heures lors d'un coup de gel. Il entrerait en végétation et ne s'en remettrait pas.

buis et romarins

Ces deux arbustes fournissent un matériel facile pour faire un bonsaï à peu de frais. Pensez-y pour vous faire la main ! Sinon, les semis d'arbres que l'on trouve un peu partout seront parfaits pour cela.

Dans le même style, la souche d'un arbuste tortueux offre un spectacle affreux dans le jardin. Mais placé dans un gros pot et moyennant quelques coups de sécateur, l'affaire se transforme en grand bonsaï !

Jardinière de légumes

aromatiques de table

Faites pousser des aromatiques (***basilic***, ***thym***, ***persil***) dans un joli pot. Vous les poserez sur la table dehors et les invités n'auront qu'à se servir dedans au moment du barbecue !

pot à fraisier

Pour gagner de la place, cultivez des légumes dans un pot à fraisier (gros pot comportant des loges sur les côtés). Je les fabrique moi-même, en perçant de gros pots à bon marché avec une scie-cloche, tout simplement !

fraises au balcon

Sur un balcon, essayez les variétés de ***fraisiers à fleurs roses***. Elles ne sont pas aussi bonnes que les classiques 'Garriguette' mais ont une floraison plus attrayante. Placez les pots sur une étagère en bois bricolée et peinte en blanc pour un rendu plus propre, mais aussi pour égayer un coin de balcon ou de terrasse.

même pas soif !

L'arrosage des ***légumes en pot*** est délicat : si le cœur des plants devient jaune, c'est qu'ils sont trop arrosés. Avant de partir en vacances, placez les jardinières à l'ombre, afin qu'elles souffrent moins de la soif.

Les ***rétenteurs d'eau*** que l'on trouve dans le commerce (des granulés à incorporer à la terre) sont très décevants : ne vous y fiez pas de trop ! En revanche, les légumes en pot adorent une couche de paillette de lin ou de tessons de pots cassés, à défaut.

harmonie en jardinière

En extérieur, ***habillez*** le pied des arbustes en pots avec des végétaux à enracinement superficiel. Il n'y a pas de risque de concurrence. Il est aussi possible de poser des pots sur la terre de pots plus larges, pour composer des décors mobiles, par exemple.

Coup de pots

les choisir

Préférez les pots de forme ***cubique*** aux pots ronds : à diamètre égal, les premiers contiendront 30 % de terreau en plus. Ils seront aussi plus lourds d'autant. De même, évitez les pots au col étroit. Il sera impossible d'extraire la motte de la plante au moment du rempotage !

Pots de ***terre*** et pots ***plastiques*** ont chacun leur avantage. Les premiers servent en priorité aux plantes dont les racines doivent respirer (les cactées, par exemple) et les secondes aux plantes exigeantes en eau.

cache-pots

J'ai ma façon de les utiliser… comme des pots. Je les perce avec un foret à carrelage et j'y cultive directement les plantes ! Si le pot est fragile, il faut d'abord forer un petit trou, puis l'agrandir avec des mèches plus importantes.

pieds au sec ou dans l'eau ?

Empêchez que les ***trous de drainage*** ne se colmatent en posant un ***tesson*** au-dessus de chacun. Ils sont parfois trop petits : agrandissez-les avec une perceuse au besoin. Gardez à portée de main une réserve de ***gravier*** ou de ***billes d'argile***, que vous placerez au fond des pots avant d'y mettre le terreau.

Calez les plus gros pots sur un ***croisillon*** en bois en forme de X afin que l'eau s'écoule librement dessous, et sans craindre les coups de vent.

colmater

Il est facile de transformer un pot vernissé en ***bac à plantes de marais*** : il suffit de colmater les trous avec un bouchon de liège taillé en pointe. On peut aussi le faire en y plaçant une épaisse couche d'argile au fond ou encore du joint silicone. Ce dernier est très efficace lorsqu'il s'agit de réparer un pot fendu.

100 % récup'

Les vieux ***paniers*** à deux anses (les manettes) sont aussi très utiles pour camoufler une jardinière disgracieuse. Des ***cagettes*** à fruits classiques, dont le fond et les bords seront garnis avec de la feuille plastique, constitueront des jardinières temporaires au look « récup' ». Idéal lorsque les contenants manquent… ou pour crâner sur les salons !

en bocal

Les vieux bocaux de verre peuvent servir de pots individuels à l'esprit rétro, à condition d'y placer une ***plante de sol humide***.

Enfin, une bonne source de pots et de plantes bon marché consiste à aller les récupérer dans le coin des déchets des… cimetières. On y trouve des merveilles !

saines potées

Nettoyez les pots inutilisés à l'eau de Javel ou en les plongeant dans de l'eau bouillante. Les cultures fragiles préfèrent les ***pots stériles***.

À l'aise avec le rempotage

provisions

Si vous avez beaucoup de plantes en pots, vous gagnerez du temps à constituer des provisions de mélanges pour les rempotages à venir. ***Je stocke mes composants*** (terre argileuse, sable, etc.) dans des bacs empilables, toujours disponibles. Utile lorsqu'il faut rempoter une plante dont le pot a été cassé !

surfaçage

Plutôt que de rempoter, il est possible de surfacer une plante : ***on décape 5 à 10 cm*** de la motte et on remplace par du terreau frais. Une vieille fourchette recourbée fera office de mini-griffe à main. Et si le substrat arrive à au moins 10 cm du bord, contentez-vous d'ajouter du terreau frais : cela vaudra bien un surfaçage.

commode

Cette opération sera ***moins salissante*** si l'on s'installe sur une bâche plastique très large, le papier journal devenant trop fragile une fois mouillé.

Si la plante est vraiment ***à l'étroit***, il faudra rempoter. Lorsque les racines appuient tant sur les parois qu'il est impossible de déloger la motte, il faut casser le pot, au marteau ou au couteau (s'il est en plastique). Coupez les racines qui dépassent du pot : elles seraient de toute façon blessées dans l'opération !

substrat

Si vous en avez la possibilité, récupérez des algues chez un poissonnier. Incorporées à la terre de rempotage (rincées et coupées en petits morceaux) ou au compost (après rinçage), elles sont un ***fertilisant extra***.

Par ailleurs, employez de la ***mousse des bois*** en remplacement de la sphaigne ou de la tourbe, plus chère et vendue en gros conditionnement.

Terre à terre

en promenade

Récupérez de la ***terre argileuse*** lors d'une ballade à la campagne pour enrichir les jardinières : coup de pouce garanti !

En passant par les bois, cueillez un peu du ***terreau noir*** s'accumulant dans les creux des vieux arbres. À cette occasion, j'ai toujours un sac en plastique au fond du sac à pique-nique, dont je me sers comme d'un gant. Vous tenez là de l'or noir à dispenser aux plantes d'intérieur.

or noir

Autre source de ce terreau de rêve : oubliez quelques sacs de ***terreau du commerce*** à l'ombre, pendant deux ans. Leur qualité sera ensuite bien meilleure qu'au départ !

champignons

Si un terreau (ou un engrais organique) n'a pas servi depuis longtemps, il n'y a pas d'inquiétude à avoir quant à sa valeur. Même si des champignons se sont infiltrés dans le paquet ou que l'humidité en a changé la texture, il a les mêmes propriétés.

Contre vents et tempêtes

bonne température

En hiver, enveloppez les pots dans un ***voile d'hivernage*** (vendu en jardinerie). Les plantes cultivées en contenants sont plus fragiles que celles qui se trouvent en pleine terre. Placez-les sur des cales en bois contre l'humidité stagnante.

S'il fait vraiment froid, ***enrubannez*** les pots dans du plastique à bulles ou de vieilles couvertures en laine synthétique. Encore plus efficace mais plus compliqué : les noyer dans des feuilles mortes maintenues avec du grillage ou un filet.

hors-gel

Durant l'hiver, renversez ou, mieux, rentrez à l'abri les ***pots inutilisés***. Le gel finit toujours par en avoir raison, même lorsqu'ils sont garantis comme résistants aux intempéries.

Il est, par ailleurs, possible de rentrer une ***potée en fleurs***, mais pas pendant plus de deux jours consécutifs. Le temps d'une réception, par exemple…

avis de tempête

R***estez*** un pot en plaçant de gros cailloux au fond : il sera plus résistant aux bourrasques. Mieux encore : vissez-le au sol (tant qu'il est vide) et remplissez-le après. On peut encore le coller au sol… sauf si ce denier est constitué de dalles libres, qui ne pourront pas retenir le pot !

sur cales

Au jardin, je cale mes pots posés sur la pleine terre grâce à un large ***carrelage*** en dessous. Ainsi, les pots restent droits et les plantes qu'ils contiennent ne s'enracinent pas en dehors du pot.

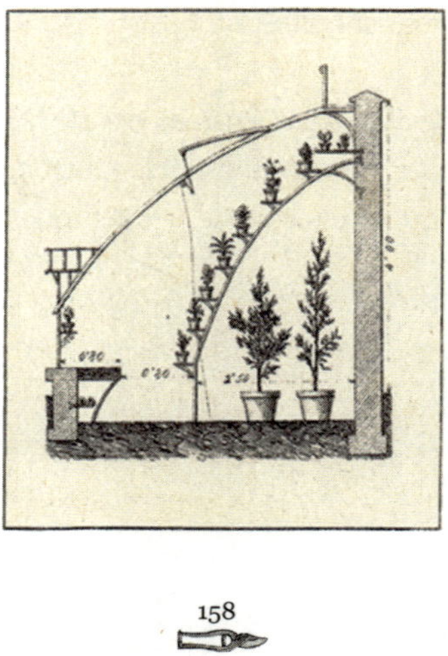

Dans la véranda

nettoyage de printemps

Nettoyez de fond en comble la véranda lorsque vous l'aurez vidée de ses occupants, en mai. C'est un excellent moyen de garder des ***plantes saines*** en hiver. Profitez-en pour faire les carreaux.

hivernage

En hiver, isolez la serre ou la véranda avec une épaisseur de plastique à bulles à l'intérieur, posé contre le verre. Vous ferez des ***économies de chauffage*** ou il y fera bien moins froid si elle n'est pas chauffée.

Supprimez les ***feuilles jaunes ou flétries*** des plantes en hivernage : elles constituent le refuge préféré des maladies et des ravageurs comme les aleurodes.

Fleurs de joie ou de tristesse

bouquet de noce

Offrir un bouquet aux mariés, c'est bien, mais offrir ***une plante***, c'est mieux. Si les jeunes époux n'ont pas la main verte, évitez les bonsaïs à tout prix et préférez une plante facile. S'ils n'ont pas de jardin, offrez une plante dans son pot vernissé, ce qui les embarrassera moins qu'une plante à rempoter.

passe-partout

Une potée de ***lis blancs*** en fleurs sera de circonstance en toute cérémonie, qu'elle soit joyeuse ou triste. En cultiver quelques potées évite d'être à court en cas d'imprévu, à la belle saison.

encore mieux

Offrir à une personne qui vous est chère une plante fleurissant selon sa ***couleur préférée*** sera sans nul doute très apprécié, car cela soulignera le soin que vous avez pris à vous en soucier et à la choisir.

naissance

Pour une naissance, il est de bon ton d'offrir un arbre fruitier. Optez pour un fruitier de petite taille et sans souci, comme un ***mirabellier***. Il n'y a rien de pire que le cadeau devenu envahissant !

fiançailles

Je déconseillerais d'offrir un arbuste à cette occasion, car la ***symbolique*** n'est pas adaptée. Mieux vaut une potée fleurie ou un gros bouquet de fleurs.

personnaliser

Un cadeau personnalisé sera toujours bien perçu. Une idée facile à réaliser consiste à ***faire grimper du lierre*** sur un fil représentant l'objet de la passion du destinataire : un club de golf, une silhouette de chat…

funérailles

Pour fleurir une tombe, choisissez des orpins à fleurs pourpres, ou des yuccas nains si le climat est très sec en été. Sinon, placez des ***fusains rampants***, qui gardent leurs feuilles toute l'année.

C’est le bouquet !

Les fleurs, c'est périssable…

longue tenue

Prolongez la vie des bouquets en déployant toute une série de ruses destinées à garder des ***tiges saines*** aussi longtemps que possible : changez l'eau chaque jour, placez le bouquet au frais la nuit, raccourcissez de 2 cm les tiges tous les deux jours…

Un glaçon placé dans l'eau leur fera du bien en cas de ***canicule***.

On peut aussi glisser un morceau de charbon de bois ou un rameau de lierre, qui empêche les ***bactéries*** de troubler l'eau. Je garde une vieille cuillère en argent, que je laisse dans le vase : l'effet antibactérien est surprenant !

On peut enfin mettre du sucre dans l'eau pour ***nourrir les plantes***, mais cela active les bactéries : à utiliser avec modération !

feuillage

Lorsqu'il s'agit de feuillage, ***écrasez la base*** des tiges avec un marteau ou fendez-les au sécateur : elles doivent pouvoir s'humecter autant que possible.

cueillette

Par ailleurs, les bouquets durent plus longtemps si l'on cueille les fleurs ***de bon matin*** et si elles ne sont pas trop épanouies. Gardez les narcisses à part, leur suc étant toxique pour le reste.

vases

J'***entretiens*** scrupuleusement mes vases : en les passant à l'eau de Javel et à l'eau bouillante, après chaque utilisation.

Les petits ***flotteurs en verre*** soufflé sont très utiles. Ils me servent à couvrir la surface de l'eau (on peut aussi utiliser des morceaux de bouchon de liège) et éviter qu'elle ne se trouble. Ils jouent le rôle de soliflore lorsqu'on a brisé une fleur de camélia, par exemple.

roses

Si les roses se mettent à ***courber la tête***, plongez-les dans un seau d'eau fraîche, jusqu'à la base des fleurs. Elles se remettent en une nuit.

réemploi

Une fois fané, le bouquet peut encore servir : soit ***en faisant sécher*** certaines des fleurs ou des feuilles, ou ***en bouturant*** ce qui peut l'être. Les œillets reprennent bien si les tissus sont restés fermes.

air de printemps

Pour hâter le printemps, placez des rameaux de ***forsythia*** en vase en février : ils s'ouvriront dans la maison.

Le dessèchement d'un bouquet de ***mimosas*** est en revanche inévitable. Placez-le dans une pièce la plus fraîche possible et sortez-le dehors chaque soir. Il pourra tenir jusqu'à 5 jours, mais guère davantage.

Bouquet de grosse légume

de la verdure

Mettez des légumes dans vos bouquets pour un ***effet « tendance »*** : navets, radis, poireaux… Ou alors, disposez des feuilles de blettes dans les bouquets de dahlias pour leur donner de la texture.

avec des fruits

Donnez une touche fruitée à vos bouquets en y plaçant des ***pommes*** très ***rouges*** et bien astiquées, piquées sur des bâtons discrets (des piques à brochettes en bois feront l'affaire).

plus léger

Je mets souvent des ***tiges d'asperges*** (avec ou sans baies) pour agrémenter mes bouquets : cela en surprend plus d'un et l'effet vaporeux allège la composition.

Immortel bouquet

hortensias

Le ***secret*** des bouquets d'hortensias ? Mettre les tiges dans un vase contenant de l'eau additionnée de 10 % de glycérine pendant une journée, puis de 20 % le lendemain et ainsi de suite. Faire sécher à l'ombre, dans du papier journal, dans une pièce bien aérée.

Si les hortensias séchés ont ***triste mine***, passez-les à la bombe dorée ou argentée : ils prendront un air de fête !

en volume

Pour faire sécher un végétal en lui gardant son volume naturel (fleur, champignon), employer du sable très fin, très sec. On ensevelit doucement ***sous le sable*** et on garde très au sec, avec du gel de silice déshydratant.

graminées

Les plus faciles à faire sécher sont les graminées (eulalies, fétuques…) : il suffit de les ***oublier dans un vase***, sans eau. Si vous pulvérisez de la laque à cheveux sur les grands plumeaux de l'herbe de la pampa, ils auront une meilleure tenue. Les massettes, dites aussi « cigares », ne se défont pas lorsqu'on cueille les épis avant la fin juin. Sinon, les graines commencent à mûrir et il est trop tard.

herbier

Faire un herbier (pour garder un souvenir de ses plantes ou réaliser des compositions sous verre) est encore plus simple : on étale ***bien à plat*** les tiges et les feuilles, entre deux fortes épaisseurs de papier journal. Avec une planche et un poids dessus, le tout sèche en une quinzaine de jours.

Il est plus joli de garder les tiges séchées sur des ***feuilles volantes*** que dans un cahier, où elles s'abîment. Dans les muséums, on les colle au papier avec une colleuse thermique, tout simplement !

1896
BELLE JARDINIÈRE
2, RUE DU PONT-NEUF, PARIS
SEPT

Voyez la vie en vert

Un jardin, c'est un peu comme une pièce
dont les murs et le sol seraient verts,
sans parler des meubles !
C'est tellement plus gai que les jardins constitués
d'une seule pelouse, enfermés de murs verts,
alors qu'il y a tant à faire, tant d'aménagements
possibles… Aurait-on envie de vivre
dans des pièces nues ? Quelle idée !
Haies, pelouse, arbres sont autant de détails
qui rendent les lieux tellement agréables
et vivants ! Alors c'est dit, soignons-les
comme notre intérieur !

Avenue d'arrivée
A
Point de vue sur la rivière
D

Haies, gazon et compagnie

Clos de verdure

tailler une haie

Pour bien tailler une haie, gardez la base plus large que le sommet. Aidez-vous d'un ***cordeau*** attaché entre deux piquets pour tailler au bon niveau.

Placez une bâche au sol afin de récupérer les tailles sans peine. Profitez d'ailleurs de cette opération de taille pour faire des ***boutures***, si le végétal est intéressant : il ne coûte rien d'en faire un rang au potager.

Peignez en ***rouge*** le cordeau électrique de votre taille-haie : sa couleur tranchera sur la végétation et vous ne risquerez pas de le couper. C'est aussi vrai pour les tondeuses et les tronçonneuses électriques, du reste !

La forme des petites haies et des végétaux menés en topiaire sera plus homogène si vous employez un ***gabarit***, coupé dans du carton ou un contreplaqué mince.

effet d'optique

Saviez-vous que l'on peut tricher avec une haie ? En ***diminuant*** progressivement la hauteur d'une haie vers l'arrière du jardin, on donne l'illusion d'un espace plus profond.

Au contraire, en ***augmentant*** la taille vers le fond, on rétrécit virtuellement l'espace.

S'il y a un ***trou*** dans votre haie de persistants, rebouchez-le en y plantant une essence différente (une viorne-tin par exemple).

Réalisez une ***double-haie*** pour gagner du temps : contreplantez une haie à croissance lente par une deuxième haie à croissance rapide. Vous supprimerez cette seconde lorsque la première aura acquis la bonne taille.

charmille

Rabattez à 30 cm de hauteur seulement une haie de charmes plantée l'année d'avant. Les sujets seront plus denses et le rendu sera incomparablement meilleur.

laurier-palme

Les vieilles haies de laurier-palme et d'ifs peuvent être rajeunies : coupez-les sévèrement en ne gardant que les grosses branches et placez un brise-vue à l'arrière, le temps que les branches se regarnissent (un an ou deux).

haie vive

Pourquoi d'ailleurs ne pas installer une « haie vive », dite aussi ***haie bocagère*** ? Il suffit de planter une grande diversité d'arbustes (arbustes de haie, à fleurs ou à baies décoratives), tous les 50 cm. On se contente de tailler le tout comme une haie classique mais en plus épais (1 m). Un bonheur pour les oiseaux et tous les alliés du jardin ! Et pour qu'elle soit impénétrable, bordez la haie d'un alignement d'ajoncs.

Coup de bambou

multiplier et contenir

Diviser les bambous en fin de printemps est un jeu d'enfant : on arrache une portion de la touffe, on rabat les chaumes (les tiges) de moitié et on replante ! Contrairement à ce que l'on prétend parfois, le bambou ne se bouture pas.

Ces envahissantes beautés doivent être maintenues en place par un ***feutre stop-racine*** enterré sur 50 cm de hauteur : les rhizomes ne passeront pas cette barrière. Lorsque les turions pointent de terre, je mets un coup de pied dedans : c'est expéditif mais cela maintient les bambous en place !

déshabiller

Les tiges sont bien plus jolies lorsqu'on les dénude à la base sur 70 cm de haut, en coupant les petits rameaux. On peut ainsi y faire pousser des ***végétaux d'ombre***, comme du lierre à feuilles très découpées : ambiance orientale garantie !

haie de bambous

Vous pouvez constituer une haie avec des bambous. Il faut planter les souches entre deux hauteurs de stop-racine pour canaliser les rejets.

Les branches supportent bien un ***coup de cisaille*** ou de taille-haie : coupez lorsque les pousses sont encore tendres, avant qu'elles ne déploient leurs feuilles.

assoiffés

Les bambous adorent l'eau : dans une grande touffe, on peut faire couler les ***eaux de pluie*** sans que cela ne les dérange, bien au contraire !

Moins exigeante en eau et aussi jolie que le bambou, la ***canne de Provence*** est une excellente alternative. Multipliez-la en laissant flotter des tiges sur l'eau : les nœuds forment des pousses et des racines. Cette astuce marche aussi avec la ***grande prêle à bouquets*** (la prêle du Kamchatka). Celle-ci n'atteint pas la taille d'un bambou (1 m au plus) et est aussi envahissante.

Tapis vert

so british !

Si les gazons anglais sont si beaux, c'est parce qu'ils sont tondus chaque semaine avec une ***tondeuse à hélices***. La machine doit être réglée de façon à ce qu'une feuille de papier seulement puisse se glisser entre les lames et la contre-lame.

rouleau à gazon

Plus facile à mettre en œuvre : ***roulez*** régulièrement le gazon, avec un lourd rouleau. Les modèles du commerce se remplissent d'eau mais je préfère les remplir avec du sable fin : on peut le laisser exposé au gel sans crainte.

Le gazon sera mieux coupé si vous le ***ratissez*** avant, tout comme on peigne les cheveux avant de les couper !

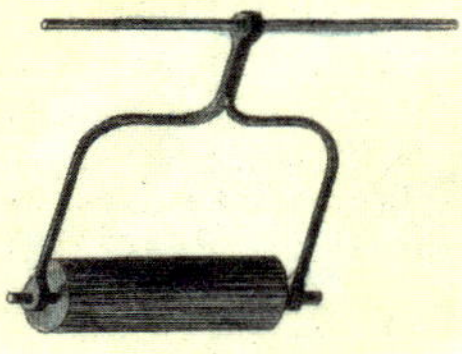

tondeuse

La tondeuse doit être entretenue méticuleusement et nettoyée après chaque utilisation, en rinçant le ***carter*** pour enlever l'herbe collée dessus. Un racloir fabriqué avec une vieille spatule à peinture fera l'affaire. Faites fonctionner l'engin sur une surface plane afin de sécher le carter. Le fin du fin consiste à tenir un cahier d'entretien de sa tondeuse.

arrosage

Le gazon souffrira moins de la ***sécheresse*** si vous le coupez plus haut. À l'approche de l'été, remontez le niveau de coupe d'un cran ou deux.

Il existe des gazons qui se passent d'eau (sauf au moment de leur plantation) : le ***pied-de-poule*** et le ***gazon des Mascareignes***. On en trouve en rouleaux prêts à poser, très pratiques mais coûteux.

À l'ombre, préférez la ***fétuque traçante***, qui pousse au pied des arbres mais ne supporte pas le piétinement.

Tapies dans le tapis

invitées

Contre les ***rosettes*** dans le gazon, coupez plus court qu'habituellement. Elles seront défavorisées et disparaîtront. Limitez le ***trèfle*** en coupant les fleurs avant qu'elles ne montent à graines… ou faites-le après si vous en voulez davantage dans l'herbe.

pâquerettes

Je fais mes provisions de ***graines*** de pâquerettes en laissant ces fleurettes s'épanouir, puis je les cueille une fois mûres, pour les égrainer ailleurs.

bulbes

Les ***crocus*** dans le gazon, c'est mignon (il suffit de les planter à 5 cm sous la pelouse décollée au préalable), mais il ne faudra pas tondre à cet endroit avant la mi-mai. Pareil pour les ***muscaris***, alors que les ***primevères*** peuvent être ratiboisées dès le mois d'avril.

herbes folles

Ne coupez pas le gazon dans les parties reculées du jardin. Par exemple, aménagez un ***chemin*** à la tondeuse (deux largeurs de coupe) entre les herbes folles. Coupez ces dernières en septembre-octobre, à la débroussailleuse (ou à la faux pour les courageux !).

Une ***prairie rustique***, inversement, peut se domestiquer : à force de tondre court, il n'y subsistera plus que les herbes de gazon, mais cela prend plusieurs années…

Ça gaze pour le gazon

épandage

La meilleure période pour semer un gazon est en automne et au printemps. Mélangez les semences à des ***cosses de sarrasin*** si vous avez tendance à semer trop dru. Les cosses « diluent » les graines.

Utilisez un ***pot à petits trous*** pour bien doser les produits à épandre : on secoue le pot contenant le produit au-dessus du sol, tout simplement.

anti-oiseaux

Après avoir semé et roulé le sol, épandez du ***poivre*** en poudre ou du ***piment*** moulu contre les oiseaux, qui ne viendront pas picorer les graines !

rustines

Si la pelouse est abîmée par endroits, le mieux sera d'y faire des rustines. Soulevez un morceau de gazon de la taille et de la forme de la zone endommagée, dans un coin reculé du jardin. Replantez-le en lieu et place de l'herbe abîmée.

creux et bosses

Un creux dans le gazon peut se combler en y rapportant de la terre ou du terreau : l'herbe poussera à travers si la couche rapportée fait moins de 10 cm. Sinon, il faut ouvrir une fente, décoller le gazon et ***rapporter*** de la terre dessous. On tasse pour refermer cette ouverture. Et en cas de bosses sur le gazon, il suffit de faire l'inverse : ouvrir au plus haut et ***retirer*** de la terre.

densifier

Face à une pelouse un peu maigre, tenter le ***sursemis*** : épandre quelques poignées de graines sur le gazon en place, en mars, et passer un coup de râteau pour faire tomber les graines jusqu'au sol. Ou alors, faites de même avec du terreau bien tamisé.

composter

Si vous avez beaucoup de gazon à arracher, prévoyez d'en faire du terreau : on laisse les morceaux de gazon sous une bâche opaque, pendant un an. À l'issue de ce délai, on en obtient une terre fine et enrichie.

La mousse, pour ou contre

en liberté

Je laisse la mousse se développer à son aise dans le gazon : elle remplace avantageusement l'herbe car elle est douce lorsqu'on marche dessus pieds nus, se tond moins et reste verte en été !

Si vous aimez la mousse, essayez le ***saxifrage mousseux*** (très facile à trouver) ou, encore mieux, du ***scléranthe***. Ce dernier forme des moutonnements irrésistibles !

anti-mousse

Si vous voulez la limiter, le plus efficace est d'épandre de la ***chaux*** éteinte en poudre fine.

Si vous utilisez un scarificateur, apportez la mousse retirée au ***compost*** qu'elle allégera, ou placez-la en ***tapis*** au pied des plantations.

S***ur les pierres***, immergez les parties recouvertes par la mousse durant une heure, dans un baquet empli d'eau bouillante. L'anti-mousse chimique du commerce est à proscrire, sous peine de teinter définitivement la pierre de rouille.

Attendez une forte gelée (sans neige ni verglas) pour brosser les mousses sur les ***tuiles*** couvrant un muret : elles se décollent plus facilement.

favoriser

Et puisqu'on parle de mousse, favorisez l'établissement de ce duvet vert sur une pierre, en la badigeonnant de ***crème fraîche*** non allégée ou de vieux ***yaourts***. Une exposition ombragée et une humidité minimale sont indispensables à l'apparition de mousses : en mettant des pierres moussues au soleil, elles se dégarnissent.

limiter

La mousse sur les troncs et les branches d'***arbres d'ornement*** ne cause aucun mal. Frottez-la sur les branches d'***arbres fruitiers***, car elle offre le gîte à des formes hivernantes (ver du fruit, pucerons, etc.).

bouleaux

Les plus maniaques passeront l'écorce des bouleaux au nettoyeur haute pression, afin d'en déloger la mousse et la poussière verte (des algues) qui les recouvrent. Les troncs seront alors bien blancs. Mais n'employez pas d'abrasif !

lichens

Les ***lichens barbus*** ne poussent que dans les endroits humides et dépourvus de pollution. Ramenés des bois, ils ne survivront que pendant quelque temps, par exemple durant un hiver, ce qui permet d'en confectionner d'intéressantes décorations, en intérieur comme au jardin.

Les arbres

Couper, oui mais bien

où couper ?

Tronçonnez les branches non pas à ras du tronc, mais en laissant un court moignon, de 3 à 5 cm seulement : c'est ainsi que la ***cicatrisation*** se déroule le mieux. S'il est plus long, raccourcissez-le. Recoupez l'écorce avec un cutter ou un canif si la scie l'a abîmé.

mastic

Il faut toujours enduire la ***plaie de coupe*** ; le mastic cicatrisant est préférable à cet effet, mais on obtient d'aussi bons résultats en désinfectant une plaie avec de l'alcool puis en la colmatant avec du silicone en cartouche. Si vous n'avez pas de mastic sous la main, employez de l'argile verte en attendant.

Sachez qu'il n'est jamais trop tard pour enduire une plaie de coupe. Tartinez-la de mastic cicatrisant par temps sec, même s'il gèle.

chancres

Sur les branches de pommier, ce sont les ***pucerons lanigères*** qui causent les caries et les chancres, surtout au niveau des blessures et des plaies de coupe. Un duvet cotonneux protège ces pucerons doublement pénalisants, puisqu'ils blessent l'écorce et épuisent l'arbre. Ma solution : les badigeonner d'huile de table, pour les étouffer. Radical !

branche morte

Lorsqu'une branche meurt en cours de saison, coupez-la de suite jusqu'à un point sain. Inutile d'attendre l'hiver, comme on le recommande souvent !

dépanachure

Coupez les pousses vertes dans un buisson panaché dès que vous les apercevez, sans quoi le vert prendrait le dessus sur le panaché.

point de greffe

Supprimez toutes les repousses naissant en dessous d'un point de greffe (la partie renflée sur le tronc), en les coupant à ras, ce « ***vol de sève*** » nuisant à la variété greffée.

Affiner la silhouette

base nette

Sur une grosse branche, coupez en priorité les petites branches se situant à la base : c'est ainsi qu'un arbre « se taille » dans la nature, en se dégarnissant de lui-même du bas.

pleureur

Pour donner une allure plus romantique à un jeune arbre pleureur, plantez-le ***en biais*** : son houppier se remettra d'aplomb et ses branches retomberont joliment sur son tronc incliné.

en tige

Un arbuste en tige ***fait maison***, c'est possible : tuteurez le plus beau rameau à la verticale et supprimez toute pousse latérale naissant sur la tige (ne gardez que les ramifications de la tête).

exotique

En plantant trois sujets d'arbres à grandes feuilles (***catalpa***, ***ailante***), que vous couperez à ras tous les deux ans, vous obtiendrez un beau feuillage exotique, ample et sans craindre l'encombrement d'un arbre : ils resteront au stade de grandes tiges, jamais plus.

éclaircir

Il ne faut pas avoir peur de supprimer les arbres qui gênent le développement de leurs congénères : un bon bosquet ne doit pas comporter de ***sujets déformés***. Je n'ai jamais regretté un tel sacrifice, tant les arbres et les arbustes qu'on libère d'une emprise se montrent reconnaissants !

soigner les branches

Réparez une branche blessée en la fixant solidement par plusieurs baguettes à la branche principale, comme si vous posiez une ***attelle***. C'est un peu délicat parfois, mais on y arrive ! Coupez une partie des rameaux, afin de réduire la prise au vent et accélérer la cicatrisation.

frottements

Lorsque deux branches frottent l'une contre l'autre et se blessent gravement, une seule solution : en couper une des deux !

Il est aussi possible de poser une ***cale*** entre deux branches trop proches, qui les écartera l'une de l'autre.

transport

Enveloppez les branches dans un vieux drap lorsque vous le transportez en voiture à l'air libre, pour éviter le ***dessèchement des bourgeons***. Combien d'arbres sont arrivés déplumés et condamnés !

Quand le mal prend racine...

distances

Ah, les racines d'arbres qui soulèvent l'allée et rejettent de partout ! Elles peuvent devenir calamiteuses et envenimer les relations entre voisins. Un arbre poussant trop près de la maison devra être ***éliminé*** car les racines atteignent les fondations et peuvent perturber les canalisations.
Si le tronc mesure moins de 8 à 10 cm de diamètre, il pourra être ***déplacé***, au plus tard au mois de mars, après une taille très sévère des branches. Sinon, tronçonneuse… et examen du chapitre consacré aux souches !

rejets intempestifs

Il faut éviter de creuser une tranchée à proximité d'un ***peuplier*** : les grosses racines sectionnées émettent des rejets intempestifs. C'est aussi le cas des ***ailantes*** et des ***robiniers*** (faux acacia).

Ces mêmes essences sont toutefois utiles, lorsqu'il s'agit d'aider à retenir un ***talus*** en empêchant la terre de glisser.

Les ***chênes*** et les ***pins*** ont aussi cette faculté. Ils doivent être plantés à la verticale, même si le terrain est très incliné.

À proximité de la mer, c'est le ***rosier rugueux*** et l'***argousier*** dont on appréciera les innombrables rejets : ils stabilisent le sable et sont très décoratifs.

repousses

Mais revenons à nos repousses d'arbres : vous limiterez les rejets d'arbres naissant au beau milieu de la pelouse ou des massifs en arrachant les repousses dès qu'elles se forment. En s'épuisant, les racines concernées rejettent moins. Tirez dessus si vous êtes sportif ou contentez-vous de leur donner un ***coup de pioche*** à la base : aucun ne me résiste de cette façon !

Les conifères, de fil en aiguille

nains

Méfiez-vous des conifères nains : ils sont mignons et décoratifs, mais… au bout de 20 ans, ils seront devenus bien ***encombrants*** ! Ces arbustes finissent par prendre de grandes dimensions et on regrette parfois la petite plantule, devenue énorme et bouchant toute la lumière devant la fenêtre de la cuisine… Prévoyez donc l'espace à l'avance, en les plantant là où leur développement ultérieur ne gênera pas.

acariens

Lors des longues séances d'arrosage estivales, pensez à asperger le feuillage des conifères à la couleur très bleutée. Cela entravera l'apparition d'***araignées rouges***, qui rendent le feuillage terne et grisâtre au plus fort de l'été, lorsqu'elles attaquent.

cyprès

Votre cyprès de Provence semble négligé par rapport à ceux du voisinage ? C'est qu'il faut le ***coiffer***, en coupant les petites branches divergentes.

Et s'il a tendance à ***« s'ouvrir »*** (c'est-à-dire que de grosses branches s'écartent du tronc), il faut les rapprocher avec de la ficelle, en les attachant au tronc. Certains cyprès sont plus sensibles que d'autres à ce petit problème esthétique.

bien droits

Après plantation, il est indispensable d'***haubaner*** un jeune arbre, sans quoi le vent se chargera de lui donner un air penché.

Pour les conifères en général et les sapins en particulier, placez un très grand piquet juste contre le tronc de façon à ce que le haut du piquet se trouve au-dessus de la ***flèche*** (la « pointe » de l'arbre). Cet attirail empêchera les gros oiseaux de casser cette partie sensible en se posant dessus. Si cette partie se casse sur un conifère, il en sera défiguré à jamais (sauf les ifs) : autant en prendre soin et poser une attelle pour la réparer si elle venait à se briser !

Éliminer une souche

oubliez l'ail !

Lorsqu'elles sont encore vivantes, on aimerait qu'elles cessent de repousser et une fois mortes, on les trouve encombrantes ! Procédons par ordre : pour dévitaliser une souche, il ne sert à rien d'y mettre de l'ail pilé comme le veut la ***légende***.

dévitaliser

Les forestiers passent la tronçonneuse juste ***derrière l'écorce***, comme pour la décoller. Le reste de l'arbre ne se remet jamais de telles plaies.

Sinon, forez-y de larges ***trous*** avec une mèche à bois de grand diamètre (20 mm), aussi profonds que possible, et emplissez-les de ***sucre*** (pas de sel). La nature se chargera de lui régler un sort.

dessoucher

La seule solution pour faire disparaître rapidement une souche, ce sont les ***muscles*** ! Soit en arrachant la souche à la main, en creusant tout autour et en coupant les racines rencontrées. C'est « détox », je vous le garantis !

Si l'arbre n'est pas trop gros, on peut utiliser un ***tire-fond*** (une poulie à accrocher à un solide point d'ancrage, comme un très gros arbre ou un mur). Sinon, il faudra employer les gros moyens et excaver la souche à la ***pelle mécanique***.

camoufler

Pour ma part, je préfère contourner ce genre de difficulté : autour d'une souche, on peut créer un petit ***massif*** de quelques vivaces qui feront oublier cet obstacle.

Rien n'empêche de poser un gros ***pot*** sur la surface plane, à condition qu'elle soit coupée à ras de terre. Autre méthode : fixer sur le tronc coupé à 80 cm du sol un plateau circulaire en bois ou en marbre (à faire tailler par un marbrier). C'est ainsi qu'une ***table*** rustique a longtemps orné le jardin de mon enfance !

décorer

Mais pourquoi ne pas valoriser davantage le moignon en y installant une structure sur laquelle faire grimper du ***lierre*** par exemple ? Une boule verte à la place d'un vieux tronc, ça a une autre allure ! Si l'arbre est resté en place, autant y faire grimper une liane exubérante, comme la ***renouée du Turkestan***.

Au gui… l'an neuf ou l'ennui ?

charme

Une seule boule de gui ne porte pas préjudice à un gros arbre. Je dirais même qu'elle lui donne de la personnalité ; j'ai connu des cultivateurs de gui – un peu spéciaux, c'est vrai – qui collaient les baies blanches sur les rameaux pour avoir plus de gui dans leur jardin !

limiter

En revanche, trop de boules sur un ***pommier*** augmentent sa prise au vent et l'affaiblissent. Dans ce cas, il faut intervenir : coupez la branche à 20 cm en amont au moins de la touffe de gui. Parfait pour garnir la porte d'entrée de la maison ou enrichir des bouquets hivernaux (le gui tient longtemps en vase !).

Sur les pommiers, attendez que les feuilles soient tombées pour dénicher les très ***jeunes pieds*** de gui : il suffit de couper la brindille sur laquelle ils se sont fixés.

Respect pour les vieux arbres !

creux

Les troncs creux peuvent survivre pendant des années, voire plus d'un siècle ! ***Le secret ?*** Ne jamais boucher la cavité, sans quoi les champignons prolifèrent dans le bois et condamnent l'arbre.

Si le creux de l'arbre a été bouché au ciment, ôtez sans faute ce mortier. Curez l'intérieur et placez un petit auvent au-dessus pour éviter que l'eau de pluie ne s'y infiltre, à la façon d'une visière de casquette. Les chouettes chevêches apprécient ces nichoirs de plus en plus rares.

penché

Un arbre qui se penche peut être ***étayé***, soit avec une forte poutre, soit avec un étai en fer. Posez-le sur une chape de béton, sous risque de voir l'arbre enfoncer son support dans la terre et continuer de s'affaler.

écartement

Lorsque des branches s'écartent au point de menacer de se rompre (on dit que l'arbre « s'ouvre »), liez-les entre elles avec des ***câbles d'acier*** tressé. Des cales en vieux pneu doivent être placées entre le fer et l'écorce contre toute blessure due aux frottements.

Corvée de feuilles !

au sol

Il n'y a pas moyen d'empêcher les feuilles de tomber. Mais on peut se simplifier la vie pour les ramasser, en le faisant… à la ***tondeuse***, tout simplement ! Elles sont si utiles au jardin : en paillis, au compost, en protection hivernale, comme refuge pour le hérisson…

gouttières

Vous éviterez qu'elles ne colmatent les tuyaux de descente de gouttière en plaçant une boule de ***grillage*** à leur départ, au niveau du toit.

C'est pas sorcier !

inoffensif

Les bouquets de branches touffues qui se forment parfois dans les arbres, surnommés ***« balais de sorcière »***, sont dus à un champignon inoffensif. Pas de sorcellerie, ici et donc pas d'action à entreprendre !

rond-de-sorcière

Les ronds-de-sorcière m'ont toujours impressionné : il s'agit de ***champignons*** poussant en rond parfait autour d'une vieille souche parfois invisible. Même s'ils ne sont pas comestibles, ces champignons que l'on croirait disposés par le Malin sont inoffensifs. En général, ils ne réapparaissent pas l'année suivante, s'éclipsant d'eux-mêmes. En revanche, lorsqu'il s'agit de mousserons, ce n'est pas sorcier, c'est diablement bon !

galles

Quant aux excroissances curieuses naissant sur les feuilles de chênes et de tilleuls notamment, il s'agit de galles (sans aucun rapport avec la gale). Elles se forment par réaction de la feuille aux ***piqûres*** de minuscules insectes. Parfaitement inoffensives, elles ne nécessitent aucune intervention.

broussins

Il ne faut pas confondre les balais de sorcière avec les broussins, ces rejets naissant en masse le long du tronc. On les voit surtout sur les troncs des arbres qui se trouvaient dans un bois et qui ont été isolés à la suite de l'abattage de leurs congénères. Un grand classique des ***chênes*** séculaires ponctuant les zones pavillonnaires ! Il vaut mieux couper ces branchettes pour profiter de la silhouette du tronc. Mais c'est purement esthétique.

Cendres à tout faire

engrais

Les cendres de bois ou d'arbustes sont les meilleures, leur valeur ***fertilisante*** étant supérieure aux cendres issues de paille ou d'herbe. Autant ne pas gâcher cette manne précieuse, dont on tirera bien des usages !

Au potager par exemple, les légumes apprécieront un apport à raison de 1 kg pour 10 m^2. Je me souviens d'avoir vu mon grand-père en nourrir abondamment les jeunes plants de pomme de terre, au printemps. Il arrivait aussi qu'on en glisse une poignée au fond du trou de plantation des tubercules.

La cendre de bois profitera également aux arbres fruitiers, à raison de 1 kg étalé au pied de chaque arbre. Je garde de la cendre ***tamisée*** avec un petit tamis à main (on peut aussi se servir d'un chinois), dans un bocal.

badigeon

Il suffit de délayer la cendre avec de l'eau pour obtenir une pâte lisse, à badigeonner sur le tronc des arbres contre les ***vermines*** en hiver. Je n'hésite pas non plus à jeter les cendres de ma chaudière à bois sur mon gazon, en mars : l'herbe est plus drue.

Appuyez sur le champignon

traitement

Des champignons qui apparaissent sur le tronc d'un arbre ? Sombre présage ! Ce genre de problème ne peut être résolu qu'avec la chimie, mais enlevez de toute façon les chapeaux et dispersez de la poudre de ***soufre***, en attendant un traitement plus radical. Cette intervention d'urgence interrompt le développement extérieur du champignon mais ne l'élimine pas en profondeur.

langue-de-bœuf

Un champignon en particulier n'est pas très dangereux : la langue-de-bœuf. On dirait vraiment qu'une langue sort du tronc ! Coupée en lamelles, cette langue végétale agrémentera une ***salade*** de caractère !

ensemencer

En terre maigre, un arbre se développera bien mieux s'il bénéficie d'un champignon ***compagnon***, qui vit en harmonie avec lui autour de ses racines. Prélevez une bonne pelletée de terre au pied d'un sujet vigoureux de la même essence et enterrez-la près des racines du gringalet. L'effet est parfois saisissant, l'arbre se mettant alors à pousser très vite !

pelouse

Inutile par contre de vous inquiéter si des champignons font leur apparition dans la pelouse. En général, ils sont liés à des racines mortes persistant dans le sol, lorsqu'un arbre figurait avant dans les parages. Certains sont comestibles (et même fameux !). Un bon ***guide d'identification*** des champignons est indispensable : faites-le savoir autour de vous un peu avant votre anniversaire…

cultiver

Et pourquoi ne pas cultiver vos propres arbres à champignons ? On trouve maintenant des plants de pins porteurs du ***lactaire*** délicieux et des noisetiers porteurs de la ***truffe***. À tel point que certains se constituent des « vergers à champignons » !

Plus modestement, il est possible d'en cultiver dans une botte de paille ou une bûche, avec le mycélium du commerce (la « semence » de champignon). À vous les ***pleurotes*** et les ***champignons de Paris*** !

Trottoir
Maison d'habitation
Trottoir
A
Bassin
D
B

Les bassins

Secrets aquatiques

aménager

Lorsqu'on crée un bassin, il est bon de laisser l'eau se « patiner » pendant quelques semaines avant de planter. La ***vase*** se forme d'elle-même (elle est indispensable), mais quelques pelletées de terre fine accéléreront l'affaire. Vous pourrez ensuite installer les plantes aquatiques.

planter

Les ***nymphéas*** et compagnie se plantent à partir du mois de mai. On recommande souvent de les installer dans une caisse à plonger délicatement. J'attache la motte des plantes à un caillou et je les immerge, ainsi lestée : ça réussit aussi bien !

oxygéner

Il est indispensable de garnir le bassin de plantes oxygénantes (***potamogeton***, ***hottonie***) dans les bassins, pour le confort des poissons. Je n'en ai jamais acheté : je les pêchais dans les étangs et les rivières, grâce à un grappin fait avec de vieux crochets au bout d'une ficelle. Je nouais les tiges de plantes aquatiques en fagot, un caillou, et hop !, le bassin était planté.

étoffer

Et pour meubler les bords du bassin à bon compte, regardez ce qui pousse dans les fossés : certaines herbes aquatiques sont de vraies merveilles, comme la ***patience d'eau*** aux feuilles en forme de hallebarde, ou la ***glycérie***, qui forme comme un mikado végétal à la surface de l'eau.

J'ai toujours aimé aller chercher des plantes sur le bord des fleuves et des étangs. C'est comme ça que, gamin, je suis revenu trempé une fois, pour être tombé de la berge ! Difficile d'inventer une excuse valable pour les parents…

Ne noyez pas le poisson !

acclimater

Les poissons doivent être apportés en dernier dans le bassin, lorsque tout le reste est en place. Il faut mettre ces habitants à la ***température***, comme un bon vin. On laisse flotter le sac contenant les poissons à la surface du bassin pendant une heure ou deux, avant de les libérer : ainsi, ils ne subissent pas de choc thermique, qui les ferait souffrir.

nourrir

Au début, il faudra leur apporter de la nourriture, le temps qu'une vie s'installe dans le bassin et que les compagnons aquatiques y trouvent leur pitance. Attendez qu'ils aient entièrement consommé leur nourriture avant d'en apporter de nouveau. Et lorsque je n'ai plus de nourriture à poisson, je les nourris de miettes de biscottes…

on the rocks

En hiver, que ***l'eau gèle*** un peu à la surface n'est pas dramatique. Tant qu'elle reste liquide, les poissons tiennent, mais ils vont manquer d'oxygène. Il faudra casser la pellicule souvent, soit à la main, soit en versant de l'eau bouillante dessus.

Le ***fagot*** laissé à flotter à la surface de l'eau pour l'empêcher de congeler est une fausse astuce, car cela ne marche jamais !

En revanche, placer une ***pompe*** immergée à bon débit maintient l'eau en mouvement et évite qu'elle ne gèle complètement.

importuns aquatiques

Contre les hérons, les solutions ne manquent pas. Le faux héron en plastique n'est pas très efficace. Le filet tendu au-dessus de l'eau n'est pas gracieux. Mieux vaut tendre un ***fil*** au-dessus des berges, afin d'empêcher le volatile de s'y poser.

Sachez que le héron ne se pose pas là où il n'a pas pied, à moins de 30 cm de profondeur. Enfin, immergez des pots de fleurs retournés qui serviront de refuge aux poissons en cas d'attaque.

Les femelles de moustiques ont moins tendance à pondre lorsque les bassins sont couverts par de la lentille d'eau. Pourtant, la prolifération de cette dernière n'est pas toujours souhaitable : elle vole la lumière aux plantes aquatiques. Un ou deux ***poissons rouges*** seront bien plus efficaces !

Bouillon de culture

lentilles d'eau

C'est inévitable : l'eau finit toujours par se couvrir d'algues ou de lentilles d'eau. La nature a horreur du vide et nous le fait savoir ! Retirez les lentilles d'eau qui apparaissent à la surface du bassin dès que vous les apercevez : il est plus facile de les retirer quand elles sont peu nombreuses car après, cela devient impossible ! Une petite ***épuisette*** à très long manche est utile : il suffit de glisser le manche de l'épuisette dans une canne de bambou et on peut agir à distance !

carpes

Les carpes amour (cousines des poissons rouges) sont réputées pour consommer la lentille d'eau. Dans la pratique, elles se révèlent décevantes : pas assez gloutonnes !

algues

Contre les algues ***filamenteuses***, la patience est la meilleure amie : enlevez-les régulièrement et l'eau retrouvera son équilibre.

Ces importunes ont une très bonne valeur ***fertilisante*** : déposez-les au pied des plantations. D'ailleurs, lorsque vous retirez de la vase d'un bassin, placez-la au pied des vivaces gourmandes, qui profiteront de cette manne. Pour limiter radicalement les algues, employez un cocktail de bactéries à trouver chez les fournisseurs de matériel pour bassins.

trompeuses apparences

Un bassin peut aussi servir à recueillir les ***eaux de pluie*** : c'est une sorte de citerne que l'on cultiverait ! Il faut que la capacité du bassin soit très importante.

Mais dans ce cas, il faudra en couvrir une partie, avec une ***bâche flottante*** pour piscine, contre les moustiques, les algues et l'évaporation surtout.

Créez l'illusion d'une pièce d'eau (de loin) en creusant un bassin de 20 cm de profondeur… que vous n'emplirez pas d'eau mais où vous planterez des végétaux à feuillage ***argenté*** ou très panaché de ***blanc***. Taillez-les au ras du gazon, comme si le creux était rempli d'eau.

Un bassin très peu profond (25 cm) mais très étendu donnera quant à lui l'impression d'un grand étang. Pas trop difficile à faire… mais gare à l'évaporation en été !

GUIDE
MANUEL DU
JARDINIER
Paris, DELARUE, Editeur, 5, rue des Grands Augustins

Soigner le jardin en simplicité

Qu'il est loin le temps du jardin de jadis
si propre mais parfois si ennuyeux,
avec ses allées et ses massifs impeccables,
où l'on croisait si peu de vie !
Il y aura toujours une foule de petites
choses à faire… et à ne pas faire
au jardin pour qu'il soit pimpant,
même au naturel. Alors, face à un souci,
l'essentiel est de savoir raison garder.
Après tout, on vient au jardin pour y semer
du bonheur, pas pour y semer des soucis !

Gaston Maréch
SELS DE POTASSE
D'ALSACE
PETIT POUCE
AURAIT RETROUVÉ SA ROUTE S'IL AVAIT CON
LES POTASSES D'ALSAC

Fertiliser futé

Course de fond

endurants

Les meilleurs engrais sont ceux de fond, c'est-à-dire dont l'action dure longtemps. Ils sont d'origine organique et évitent tout surdosage. En plus, ils sont bio : que des avantages !

Sous-produits de l'élevage, la ***corne*** et le ***sang séché*** offrent de bonnes sources nutritives pour la santé des haies, des framboisiers et de toutes les ***cultures voraces***. On les enterre à raison d'une poignée au pied de chaque plante, au printemps. Ils doivent l'être à l'aplomb des branches, car c'est dans cette zone que se trouvent les racines les plus actives.

plumes

Les plumes contiennent aussi de nombreux éléments nutritifs intéressants pour les plantes. D'ailleurs, on en trouve de la poudre dans le commerce. Vous gagnerez à enterrer des plumes entières au pied des arbustes. Ou à faire un ***jus*** de plume : on laisse tremper une bonne poignée de plumes dans un baquet d'eau, sous une grille pour les forcer à rester en contact avec le liquide. Au bout de trois semaines, on n'utiliserait pas le liquide comme eau de toilette.
Mais comme engrais liquide, c'est parfait !

faits maison

Mes engrais de fond, ce sont aussi les ***cheveux et ongles coupés*** ou les poils de chien ! Tous sont riches en azote et en soufre, ce qui favorise la croissance des plantes. À enterrer au pied des plantes et à oublier !

cuir

Les anciens ne jetaient rien. Pas même les ***vieilles chaussures***, après qu'elles avaient fait leur temps. Toutes les parties en cuir étaient enterrées au pied des arbres fruitiers et nourrissaient l'arbre en se décomposant. Futé, non ?

Engrais verts mais fleuris

à enterrer

Les engrais verts, c'est tout simple : on sème une ***plante tendre*** sur la terre et, lorsqu'elle commence à se développer, on la tond et on enterre le tout. Les tiges améliorent le drainage de la terre et stimulent la vie du sol en se décomposant. Il fallait y penser !

au choix

Parmi les engrais verts possibles, je préfère les ***capucines*** et les ***pois***. Les premières abritent tout un monde intéressant, font de jolies fleurs et empêchent les mauvaises herbes. Quant aux pois, s'ils donnent, tant mieux, sinon, ils nourrissent le sol, ce qui n'est déjà pas si mal, après tout !

A l'automne, le ***colza*** et la ***moutarde*** n'ont pas leur pareil pour couvrir la terre et éviter que les intempéries ne la tassent et la malmènent. Dès les premiers beaux jours, un petit coup de binette pour les occire et voilà un paillis à laisser en place avant l'arrivée des premières tomates…

Pas en odeur de sainteté : les purins

recette

Un purin végétal sert à renforcer les plantes mais surtout à les fertiliser. On le réalise à partir de ***feuilles*** et de ***tiges*** d'ortie, de consoude, de fougère ou d'autres plantes, à condition qu'elles ne portent pas de graines. C'est avec l'expérience qu'on apprend à se servir des bienfaits de ces préparations pas très ragoûtantes mais utiles… et gratuites !

Pour le préparer, on laisse 1 kg de matière fraîche (soit un panier bien rempli) à ***macérer*** dans 10 litres d'eau. Si on le filtre au bout de trois jours (cela ressemble à un thé), le produit aide à faire fuir les insectes et limite les maladies. Plus tard, alors qu'il prend son odeur caractéristique, ce sera un engrais liquide à employer dilué au pied des légumes.

odeurs

Pour limiter les odeurs des purins végétaux, je les brasse régulièrement et je les couvre avec un plastique. Mais surtout, je les prépare à l'ombre d'un arbre, ***loin du soleil*** de l'après-midi, surtout en été !

Les lisiers et autres ***purins de ferme*** sont intéressants. Mais, contrairement à nos gentils extraits végétaux, ceux-ci sentent… le conflit avec les voisins !

conservation

Les purins, une fois ***filtrés*** avec un vieux linge (ou du filet à pomme de terre), peuvent se conserver dans de petits bidons, à l'ombre et au frais. Je récupère les bidons ayant contenu de l'eau déminéralisée à cet usage, mais on pourrait en faire autant avec les grosses bouteilles d'eau (de plusieurs litres).

réserves

Si vous avez décidé de vous initier à l'art du purin, pensez à faire provision de plantes à purin (consoude, ortie…) tant que la saison est encore belle, en septembre. Faites sécher des tiges ***sans graines***, dans un endroit aéré.

consoude

C'est l'une des meilleures plantes à purin. Les feuilles de consoude, fraîches ou sèches, donnent un purin prêt à être utilisé au bout de 15 jours environ et peu odorant. Il est riche en ***potasse***, donc adapté à la fertilisation des légumes et de bien d'autres plantes. Je l'utilise autant que je peux ! La consoude sèche fournit aussi un excellent paillis, à laisser décomposer en place au pied des cultures gourmandes.

mauvaises herbes

Après arrachage, je transforme mes mauvaises herbes en purin : je mets à tremper celles qui ne portent pas de graines dans un baquet d'eau, que j'oublie pendant plusieurs semaines. Elles se décomposent dans l'eau en un ***engrais liquide***, que j'épands là où elles ont été arrachées.
Ainsi, elles rendent à la terre ce qu'elles lui avaient pris !

vertus

Le garde-champêtre du village où j'ai grandi en balançait 50 litres au pied de chaque ***cerisier***, en septembre.
Il faut reconnaître qu'il obtenait ainsi les plus beaux arbres du village. Les plus surveillés aussi, mais c'est une autre histoire !

Terre améliorée

trop lourde

Le ***secret*** pour alléger une terre trop lourde ? C'est d'y incorporer de la matière organique, comme du compost, du fumier ou des feuilles décomposées. Il faut être généreux sur les quantités, mais après, mazette que vous l'aimerez cette terre dont vous disiez qu'on ne pouvait en faire que de la poterie !

sable

Donnez du corps à une terre trop légère en incorporant de la bentonite (une argile vendue en poudre). Ou alors, faites comme moi : allez chercher cette terre extraordinaire, riche en ***limon***, que l'on trouve dans le lit des rivières. Une poignée à chacune et les plantes ainsi choyées s'en trouveront ragaillardies. Et vous bien récompensé.

acide

Le meilleur remède pour rectifier une terre acide consiste à y épandre de la ***dolomie***, une chaux naturelle riche. Le maërl (ou lithothamne) est une fausse bonne idée, car c'est un produit fossile non renouvelable !

Par ailleurs, je ne jette jamais les carcasses de ***crabes*** ni les pinces de ***langoustines*** : placées au pied des plantations (à l'abri des regards, tout de même), elles sont réduites en miettes par le gel hivernal.

mauvaise terre

Redonnez du peps à un sol inerte (comme de la terre de remblai) en épandant 1 kg de ***sucre*** par 10 m^2 et griffez un peu la surface. Cet apport stimule la microflore, une composante indispensable mais invisible.

Si la terre a récemment été épandue, pourquoi ne pas y faire pousser quelque chose qui la fera « démarrer », comme du ***blé***, la première année ?

calcaire

Les plantes se porteront mieux en terre crayeuse si vous leur garantissez moult apports de compost. Contre la chlorose ferrique, qui provoque le jaunissement des feuilles dans de telles conditions, déposez des ***fanes de cresson ou de persil***, riches en fer, au pied des plantes atteintes. Cela vaut pour les petites plantes… ou pour les grosses quantités de fanes !

À tout jardin son compostier

fabriquer

Même si le jardin ne fait que 100 m^2 ou qu'on jardine sur une terrasse, il est indispensable de faire son compost. Presque toutes les plantes en raffolent et c'est gratuit !

On peut faire son compost en tas, simplement en accumulant des « déchets verts ». Mais il sera préférable de le faire dans un ***enclos***, pour le remuer plus facilement… et le camoufler aussi. Quatre palettes de récupération suffisent à former une compostière de bonne capacité. Sinon, on peut aussi tendre du grillage à grosses mailles sur quatre piquets solides.

mini-compost

Sur une terrasse ou un balcon, essayez de laisser ces déchets verts dans un ***pot*** à l'abri des regards. Le meilleur endroit que j'ai trouvé pour cela était sous une étagère à plante, où il y a toujours une place perdue en dessous.

Il est aussi possible de faire le compost dans un ***sac***, en le retournant régulièrement. C'est moins pratique et plus long, mais le produit final est tout autant apprécié par les plantes…

emplacement

Le compostier sera mieux près de la maison, car il faudra y aller souvent pour y déposer les épluchures. Ou alors, pensez à vous munir d'un seau, en garnissant le fond de carton : ce stratagème me sert à limiter les visites au compostier, puisque je n'y vais que ***lorsque le seau est plein***. Mais je le couvre d'un morceau de tulle contre les moucherons en été.

décomposeurs

Pour créer un tas de compost, on peut laisser faire la nature, ou récupérer des vers décomposeurs, qui sont indispensables. Déposez une liasse de papier journal détrempé sur le sol, à l'ombre des arbustes.

Récupérez les ***vers de terre rouges*** qui se réfugient en dessous, car ce sont les principaux agents de la décomposition. Et balancez-les sur le tas de compost bien humide : ils y feront souche !

masqué et rusé

Le compostier, ce n'est pas toujours très joli. Pour le soustraire à la vue, faites pousser sur ses flancs des volubilis et autres grimpantes d'été. Ou alors, comme moi, plantez-y un ***chèvrefeuille*** à feuilles persistantes. Il se rend utile toute l'année et embaume les environs lorsqu'il fleurit.

moquette

Posez un bout de moquette ou une vielle couverture sur la partie du compost exposée à l'air. C'est une bonne façon de ***limiter le dessèchement*** du tas et les écarts de températures s'en trouveront limités, gage d'une meilleure décomposition.

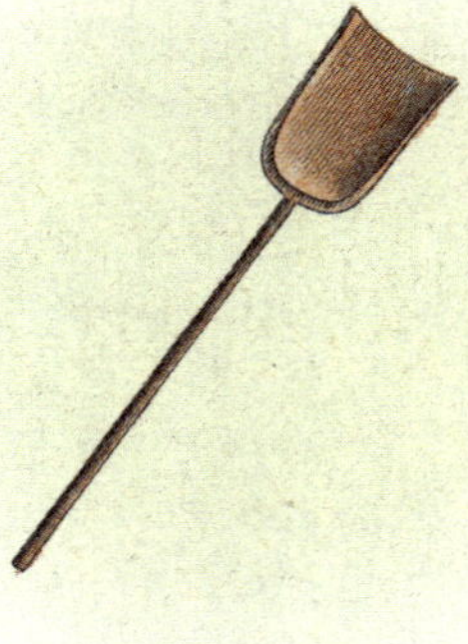

Déchets variés, compost complet

variié, mais trié

Le ***secret*** du compost, c'est de lui apporter une nourriture variée et de le remuer souvent. Le temps fait le reste. Mais certaines matières ne conviennent pas : évitez-les si vous ne voulez pas les retrouver à la fin.

carton

Le carton ondulé est très utile au compost : incorporez au tas de petits morceaux non imprimés et dépourvus de scotch. Cette matière laisse ***passer l'air*** dans le cœur du tas et régule l'humidité. Le must en la matière consiste à apporter des boîtes à œufs en carton au compost : les décomposeurs adorent !

déchets verts

Mais que faire de ces monticules de verdure coupée ? Mettre un peu de la ***tonte*** au compostier, en mélangeant bien avec du carton et d'autres matières poreuses. Sinon, cela se transforme en pâte collante, une horreur…

Compostez les ***feuilles mortes*** sans modération ! Je vais même balayer celles qui tombent dans la rue avant que la voirie ne passe… Les feuilles les plus coriaces (chêne, platane) mériteront un petit broyage au préalable, à la tondeuse. Deux exceptions : les feuilles de laurier palme et les aiguilles de pin, qui contiennent des composés toxiques pour le compost. Mieux vaut les étaler au pied des plantes vivaces.

paille

N'hésitez pas non plus à apporter la ***vieille litière*** du lapin ou des poules : c'est excellent pour le compost. En revanche, évitez le foin en graine, sous peine d'y semer bien des mauvaises herbes !

coquilles

Notre alimentation est acide et tout ce qui pourra ***neutraliser cette acidité*** est bienvenu, comme les coquilles d'œufs. Ajoutez-les au compost, réduites en miettes. Mais évitez les grosses coquilles (huîtres, moules) car elles ne se décomposent pas. Les noix et les noisettes non plus, du reste.

à éviter

Les ***os*** ne se décomposent pas : inutile de vouloir les composter. En revanche, ajoutez les restes de poisson (sans les arêtes, si possible). Incorporés en petites quantités, ils y apportent d'intéressants éléments nutritifs.

Gardez-vous de mettre la ***litière du chat*** au compost, s'il a été traité avec un vermifuge. Cela tuerait les vers décomposeurs du même coup et votre compost serait bloqué pour longtemps.

Les matières qui attirent les ***rongeurs*** pourront être directement enterrées dans le sol, car elles se décomposent très vite et profitent aux cultures dans la saison.

accélérateurs

Accélérer la décomposition, c'est possible. Et lorsqu'on sait qu'il faut normalement presque deux ans pour obtenir un beau compost, c'est utile ! Les poudres chimiques marchent mais ce n'est pas très naturel. Mieux vaut arroser le tas avec du ***purin d'ortie*** puis le remuer. Ou alors faire pipi dedans : oui, ça semble curieux, mais c'est efficace !

Le compost a tout bon

tamis

Le compost peut s'employer au pied de toutes les cultures, au potager comme pour les plantes d'ornement. Passez-le ***au crible*** avant utilisation : un tamis de maçon est idéal. Mais vous pouvez tendre du petit grillage sur un cadre, ce sera aussi bien. Ne jetez pas les morceaux qui ne sont pas passés à travers, reposez-les sur le tas !

tisane

Réalisez un parfait engrais liquide sans risque de surdosage : enfermez quelques poignées de compost dans une ***toile de jute*** et laissez tremper dans un seau d'eau pendant deux jours.

semis

Pour les semis en pot, il faut tamiser le compost, puis le passer au four pour le ***stériliser*** (au micro-ondes à pleine puissance pendant 5 minutes) et le « diluer » avec moitié de sable. Ces précautions prises, vous pouvez l'utiliser : vous verrez vos plants pousser à vue d'œil !

Les surprises du compost

boutures

Surveillez tout ce qui germe dans le compost : c'est une vraie ***pépinière*** ! On y retrouve de jeunes plants d'avocats, de petits dattiers, des boutures qui se sont bien enracinées…

champignons

On peut en voir émerger d'un tas de compost. Beaucoup sont sans intérêt, mais vous pourrez retrouver des champignons de Paris. Si vous êtes ***sûr de l'identification***, ne vous privez pas d'une omelette !

vers blancs

Un tas de compost peut héberger de gros asticots blancs : pas de panique, il ne s'agit que d'inoffensives larves de cétoines. Elles sont utiles car elles aident à la ***décomposition***. L'adulte est ce magnifique insecte vert mordoré qui chipe un peu de pollen dans les églantines. Rien à voir avec les larves de hannetons, qui vivent aux dépens des racines de salade et qu'il vaut mieux soit occire, soit déplacer très loin du jardin !

LES GRAINES VIVANTES
VITA
Roby
TOUS JARDINIERS

Croissez et multipliez

L'art du bien-semer

profondeur

Le meilleur moment pour semer les graines est simple à repérer : il intervient lorsque la plante a naturellement fini de les mûrir sur pied. En général, on les recouvre d'une épaisseur de terre égale à ***trois fois*** celle de la graine. Mais les plus fines, comme les bégonias, pétunias et lobélias, ne se recouvrent pas : on les jette simplement à la surface du pot.

Si vous semez en rang en pleine terre, recouvrez l'endroit de terreau ou de sable, afin d'en ***repérer*** le lieu.

vite et bien

Pour réaliser un semis express, je ne m'embête pas : je jette les graines dans les massifs peu denses et cela donne ce que cela pourra ! C'est ainsi que j'ai vu surgir des haricots grimpants dans une haie !

Pour un semis ***plus régulier***, utilisez un semoir. Et dans un semoir ou à la main, « diluez » les graines avec du sable pour semer ***plus clair***.

substrat

Préparez les mélanges de terre pour semis ***à l'avance*** : j'en ai toujours un stock qui m'attend sur ma table à rempoter. Ainsi, je sème les graines les plus fraîches possibles, pour une meilleure levée.

Pour alléger la terre de semis, la ***vermiculite*** (un minéral naturel utilisé notamment comme adjuvant pour alléger le béton) est vraiment idéale, bien meilleure que la tourbe.

accélérer la levée

Un câble ou un tapis chauffant d'aquarium ***chauffe*** une mini-serre en douceur, à peu de frais et pour un résultat optimal. Autre solution : trempez les graines durant une journée dans de l'***eau tiède***, juste avant le semis, afin qu'elles lèvent plus vite.

grosses graines

Les graines les plus épaisses gagneront à être un peu usées sur un morceau de ***papier de verre*** : elles s'imbibent plus vite et germent mieux ensuite.

En place les plantules !

fortifier

Contre la fonte des semis, cette maladie qui terrasse les plantules en quelques jours, je répands de la fine poudre de ***charbon*** de bois fraîche, en prévention. Imparable !

Cela semble bizarre, mais prenez l'habitude de ***frôler*** chaque jour les plantules du bout des doigts. Cette petite attention les rend plus fortes.

Vous pouvez aussi employer un ***néon*** « lumière du jour » au-dessus des plantules semées en intérieur, ce qui leur évitera de s'étioler.

endurcir

Placez les semis ***à l'extérieur*** dans une brouette pour qu'ils s'acclimatent. Ils seront plus faciles à sortir le matin et à rentrer le soir, lorsque les nuits sont fraîches.

repiquer

Soulevez les plantules à repiquer avec une bande de carton coupée en « V » et pliée : cette sorte de ***pince*** délicate ne brise pas les jeunes plants.

Préparez les ***trous de plantation*** des petites plantules avec un crayon : j'utilise un rameau de noisetier passé au taille-crayon, qui marche tout aussi bien ! Il me sert aussi à déterrer les plantules qui, normalement, ne se repiquent pas, comme les melons ou les concombres. Manipulées avec délicatesse, elles reprennent très bien !

espacement

Une ***toise***, c'est-à-dire un tasseau sur lequel on aura repéré différents écartements, sera très utile pour espacer correctement les rangs et les plants. Une autre solution : enfoncer de gros clous tous les 25 cm dans une planche, que vous appliquerez ensuite sur le sol. L'écartement est impeccable !

L.Claus
GRAINES D'ÉLI
Brétigny-sur-O

Prenez-en de la graine

récolter

Rien ne vaut les graines que l'on récolte soi-même. Même si les variétés n'ont pas l'éclat de celles du commerce, elles lèvent bien plus facilement ! Récupérez les graines des plantes du jardin en enfermant les inflorescences dans un sachet de ***gaze fine***, dans lequel les graines tomberont à maturité.

Il est parfaitement inutile de récupérer les graines d'un ***hybride*** dit « F1 », puisque sa descendance sera hétérogène. Pour ces variétés, on est bien obligé de racheter les graines à chaque fois !

ressemer

Secouez les rameaux secs d'ancolies et de roses trémières pour les aider à se ressemer, lorsque les graines sont mûres. Je fais parfois un ***semis expéditif*** en coupant ces têtes sèches, que je dépose dans les massifs où je veux les implanter… sans effort !

conserver

Pour conserver les graines de toutes sortes, je collectionne les petits ***bocaux*** avec couvercle. C'est très pratique pour les ranger dans un placard… et elles résistent à l'humidité lorsqu'on les emporte au jardin.

Les ***tubes*** de comprimés fourniront de parfaites boîtes à graines. Mais le plus pratique que j'ai trouvé, c'est de garder les sachets dans des ***boîtes à clous*** ou vis.

durée de conservation

Toutes les graines ne se gardent pas aussi longtemps : 2 ans pour le ricin, l'angélique et les euphorbes ; 4 ans pour les haricots et les courges. Pour ces dernières, il vaudra mieux laisser ***lever un échantillon*** sur du papier absorbant : si rien ne lève, on jette. Et classez les sachets par année de péremption : vous saurez quelles graines employer en premier !

au sec

Ne jetez pas les petits sachets ***anti-humidité*** des chaussures neuves. Passez-les au four chaud, puis placez-les dans les boîtes à graines : le gel de silice qu'ils contiennent absorbera l'humidité.

Contenants de fortune

terrines récup'

Si vous n'avez pas de terrines de semis sous la main, employez de vieilles ***barquettes*** de fraises en plastique avec couvercle : c'est épatant !

Vous pouvez aussi utiliser des ***bacs à glace*** ou encore des caisses à poisson en polystyrène, pour les semis comme pour les boutures.

Un vieil aquarium peut parfaitement être converti en ***mini-serre*** : fermez-le avec une plaque de verre et placez un néon par-dessus afin d'y réussir vos semis.

pots

A défaut de godets, utilisez des gobelets jetables percés au fond : ils sont excellents pour dépanner ! Vous pouvez aussi employer des pots de yaourt vides ou encore façonner de petits pots avec ***du papier journal*** agrafé ou des bouteilles d'eau minérale coupées.

Bouturez sans compter

en pleine terre

Les boutures constituent le meilleur moyen, avec le semis, de ***garnir son jardin*** à bon compte. À ne pas négliger ! Le plus simple, c'est de les faire en pleine terre, dans un coin de bonne terre au potager. L'année suivante, on déplante celles qui ont repris, pour les installer au bon endroit.

faire patienter

Quel meilleur souvenir de vacances que quelques boutures ramenées avec soi ? Faites-leur passer un bon ***voyage*** en les emballant avant de partir dans du papier journal humide et en glissant le tout dans un sac plastique. Gardées au frais, elles peuvent tenir jusqu'à 72 heures.

Si vous avez la place, vous pouvez enterrer les boutures dans du sable très humide. Ou, plus simple encore, piquez les boutures dans une ***pomme de terre*** !

marcotter

Ce bouturage sans risque (la tige reste attachée au pied mère) peut se faire en buttant de terre une touffe à régénérer (cassis, hortensias…). Il suffira de dégager la ***butte*** et de couper les tiges enracinées l'année d'après.

On peut aussi ***courber*** une tige jusqu'au sol en la calant avec un caillou et attendre qu'elle s'enracine. Je le fais au-dessus d'un pot de compost. Le résultat est rarement décevant, surtout avec les plantes grimpantes.

Vite fait, bien fait

sans peine

Bouturez les ***arbustes*** les plus accommodants en glissant leurs rameaux… dans un tas de feuilles mortes. En pleine terre, si vous n'avez pas de cloche, placez une bouteille coupée sur chaque bouture.

hivernage

Pour certains arbustes (groseilliers, spirées…), il vaut mieux procéder ***à l'automne***, en enterrant le fagot de boutures dans du sable humide, à l'extérieur. Leur reprise sera bien meilleure lorsqu'on les replantera au printemps, comme des boutures normales.

reprise

Une bouture est sur la bonne voie lorsque les feuilles tombent naturellement de la tige. En revanche, c'est mauvais signe lorsque les feuilles sèchent sur pied. Il ne faut jamais tirer sur la bouture pour voir si elle reprend : ce serait le meilleur moyen de casser les jeunes racines. Regardez plutôt le fond du pot, où l'on peut apercevoir les ***premières racines***.

voyage

Faites voyager les plantes dans de bonnes conditions, surtout si le trajet est long : abritez-les du soleil par un tissu opaque, de couleur claire. ***Emmitouflez-les*** dans du papier journal humide et emballez la motte dans un sac plastique.

racines

Le bouturage de tronçons de racines évite de diviser une touffe de ***vivaces*** et permet d'obtenir de jeunes plants sans limiter la floraison. Cette technique est particulièrement efficace avec les cœurs-de-Marie ou les pavots vivaces…

conifères

Les boutures de conifères s'enracinent plus rapidement (n'espérez tout de même pas un miracle…) lorsqu'on les plaque contre un morceau d'***ardoise*** ou de ***tuile***. Comptez un an au minimum. Pour les autres bois durs (buis, houx…), fendez la base de la bouture au canif.

POUR VOTRE JARDIN !...

Plants de fraisiers étiquetés av. notice de plant.

Des 4 saisons donnant en abondance des petits fruits de mai jusqu'aux gelées.
C18-5612. *50. Fco.* **16. »** | C18-5612A. *100. F.* **29.50**

Gaillon à fruits rouges (sans filet). Très belle variété, donnant des fruits exquis.
C18-5614. *50. Fco.* **18. »** | C18-5614A. *100. F.* **33.50**

A gros fruits remontants, prod. au print. et fin été.
C18-5616. *50. Fco.* **31.50** | C18-5616A. *100. F.* **61. »**

A gros fruits non remontants. Aboud. récolt. au print.
C18-5618. *50. Fco.* **22. »** | C18-5618A. *100. F.* **42. »**

Griffes d'asperges donnant de grosses pousses, d'une saveur exquise. *Commence à produire la 3e année.*

Variété hâtive.	**Variété tardive.**
C18-5640. *50. Fco.* **30.50**	C18-5641. *50. Fco.* **30.50**
C18-5640A. *100. F.* **54.50**	C18-5641A. *100. F.* **54.50**

Nouveautés à végétation ultra-rapide, produisant dès la 2e année.
C18-5642. *50. Fco.* **47.50** | C18-5642A. *100. F.* **84. »**

Les griffes d'asperges sont disponibles jusqu'en mai. Elles sont accompagnées d'une notice de plantation.

C18-5684. **Blanc de champignons** sélectionné, obtenu suivant le procédé Pasteur. Donne de beaux produits. *La bte 250 gr. pr 1 m. de meule. Avec notice.* **7.35**

ATTIRAIL D'OUTILS TRÈS ROBUSTES

Outils en acier forgé laminé à chaud, de qualité extra et d'un fini irréprochable.

Manches en frêne1er choix, droits de fil, polis et cirés, ajustés à chaque outil.

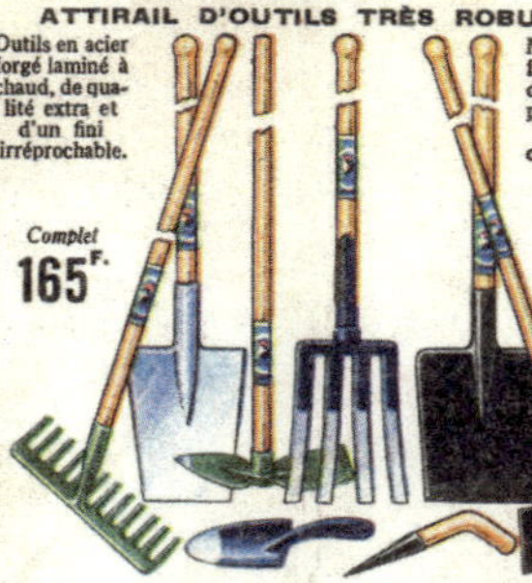

C18-7215. **Attirail complet de jardinage**, comprenant :

1 **fourche à bêcher**, 4 dents de 30%.	1 **bêche** de 30%, polie.
1 **serfouette** de 30%, dos poli.	1 **râteau**, 12 dents droites.
1 **ratissoire à pousser** de 20% larg.	1 **pelle**, dimensions 27×31%.
1 **transplantoir**, tôle d'acier.	1 **plantoir** bois pointe fer.

L'attirail complet de 8 outils .... **165. »**

Nouveau piocheur à dents acier, flexibles et démontables. Pour sarcler les plantes, ameublir le sol. *Avec manche poli de 1m20.*

C18-7129. Modèle 3 dents, largeur du travail 10% **23.50**
C18-7129 A. — 5 — — — 20% **26.50**

C18-4730. **Betterave** ronde. *Le sachet.*
C18-4733. **Cardon** plein inerme.....
C18-4748. **Carotte** 1/2 longue Nantaise.
C18-4768. **Céleri** blanc doré Chemin.
C18-4798. **Chicorée** frisée de Meaux.
C18-4823. **Chicorée** maraîchère Batavia.
C18-4835. **Chicorée** amère améliorée.
C18-4848. **Chou** cabus express........
C18-4858. **Chou** cœur de bœuf gros...
C18-4863. **Chou** de Brunswick (d'hiver).
C18-4893. **Chou** gros des Vertus (d'hiv.).
C18-4908. **Chou-fleur** Lenormand......
C18-4971. **Cornichon** vert petit de Paris.

C18-5013. **Epinard** de Viroflay. *Sachet.*
C18-5021. **Epinard** lent à monter....
C18-5038. **Laitue** à forcer de Milly....
C18-5062. **Laitue** batavia Pierre Bénite.
C18-5072. **Laitue** des 4-saisons.......
C18-5077. **Laitue** Passion d'hiver .....
C18-5138. **Navet** 1/2 long des Vertus..
C18-5214. **Oignon** jaune Paille Vertus.
C18-5258. **Persil** frisé double.........
C18-5273. **Pissenlit** à cœur plein......
C18-5283. **Poireau** monstrueux Carent.
C18-5335. **Radis** rond rose, bout blanc.
C18-5358. **Scorsonère** noire améliorée.

Pulvérisateur à pression et à jet continu, donnant un jet droit ou pulvérisé. **En cuivre rouge.**
C18-7636. Contce 2 litres. **170. »**
C18-7636 A. Contce 3 litres. **192. »**
C18-7642. **Cuivre plombé**, 2 l. **185. »**
C18-7642A. Contce 3 litres. **208. »**
Modèles pour porter à l'épaule (*représenté*).
C18-7649. **Cuivre plombé** 4 l. **320. »**
C18-7649A. — — 8 l. **390. »**

POUR LES SEMIS

Nouveau châssis coffre démontable à 2 versants, coffre bois raboté, tringles fer d'assemblage, pieds et traverse centrale bois dur, long. 137%, larg. 77%, haut. 40%. Les verres se posent sans mastic, ce qui permet de les enlever facilement et donner une aération réglable. *Indispensable dans tous les jardins pour obtenir des plants précoces pour repiquages.*
C18-7704. **Châssis seul** sans verres. **88. »** | C18-7704 A. **Avec 12 verres** mi-doubles. *Fco.* **140. »**

C18-7659. **Pulvérisateur à dos à haute pression**, cuivre plombé, manomètre indicateur de pression, lance à poignée et à robinet, bretelles cuir dossier bois, cont. 13 litres. **610. »**
C18-7659 *bis.* **Même modèle** avec 3 m. de tuyau de refoulement et 1 rallonge nickelée de 1 m. Permet teindre jusqu'à 6 m. de haut. 6

PETIT MATÉRIEL DE TRANSPORT A BRAS

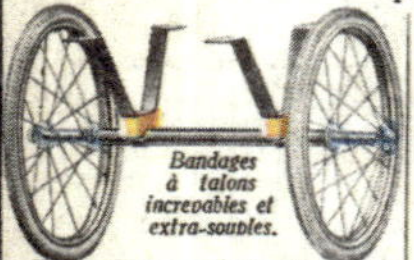

Trains de roues, charge 100 kg., **sans ferrures**, essieu tubulaire de 52-55 ou 58% de longueur entre roues (*l'ind.*), dans lequel les axes sont emmanchées et goupillés, jantes acier émaillé, forts rayons acier.

C18-1035.	Diam. 400%.	*Le train.*	**270. »**
C18-1035 A.	— 450%.	—	**280. »**
C18-1035 B.	— 500%.	—	**295. »**
C18-1035 C.	— 600%.	—	**320. »**

Trains de roues, charge 200 kg., avec **ferrures de montage** (*modèle grav.*), renforcé, axes vissés dans le tube essieu de 53-58-63 ou 69% de long. entre roues (l'indiq.).

C18-1038.	Diam. 400%.	*Le train.*	**410. »**
C18-1038 A.	— 500%.	—	**430. »**
C18-1038 B.	— 600%.	—	**450. »**
C18-1038 C.	— 700%.	—	**490. »**

C18-1026.
Long. totale 160%.
Largeur totale 72%.

C18-1024. **Nouvelle voiture maraîchère**, roues de 45% de la série *C18-1035*, ferrures de montage, chambrières, châssis bois dur à claire-voie, ridelles formant coffre de 97×57×17%. Force 100 kg. Poids 19 kg. environ.............. **415. »**

C18-1026. **Même modèle**, roues de 50% de la série *C18-1038*, force 200 kg., ressorts à 2 lames, coffre claire-voie à ridelles de 83×57×23%. Poids 20 kg..... **695. »**

Voiture de livraison montée sur train de roues, série *C18-1043*, robuste carrosserie, bois dur, avec 4 ridelles de côté, amovibles. *Pour commerçants, industriels, etc.*

Nos	Charge	Ressorts de	Coffre	Roues de	Poids	*Prix*
C18-1027.	200 kg.	2 lames.	100×65×30%	0m60	38 kg.	**980. »**
C18-1027 A.	300 kg.	3 lames.	125×70×30%	0m70	53 kg.	**1450. »**
C18-1027 B.	400 kg.	4 lames.	180×80×30%	0m70	66 kg.	**1700. »**

Train de roues pour fortes ch
jusqu'à 300 kg., très fort moyeu a roulements à billes, essieu tubulai 32% de diam., dans lequel les axes vissés, jantes épaisses acier émaillé, dages caoutchouc souple à talons inc bles et pratiquement inusables, rayons inoxydable, patins, brides et ressorts à 3 4 mains pr fixer la carrosserie. *Ind. la du tube essieu entre roues 63, 69, 75,*

C18-1043.	Diam. 450%.	*Le train.*	8
C18-1043 A.	— 650%.	—	8
C18-1043 B.	— 700%.	—	9
C18-1043 C.	— 900%.	—	10

Chacun de ces trains, sans patins, sorts, ni mains, etc., réduction de 1

Dans toute la France continentale, les commandes de **100 fr. et au-dessus** (*Bonne affaire et végétaux non compris*) sont envoyées fra
En dessous de 100 fr., joindre **3 fr.** jusqu'à 500 gr., **5 fr.** jusqu'à 1 kg., **7 fr. 50** jusqu'à 1 kg. 500 et **10 fr.** par colis au-dessus de 1 kg.

Arrosage, outils et tuteurs

De l'eau mais pas trop

eau parfaite

L'eau de pluie est la meilleure qui soit pour arroser. Mais il est aussi possible de faire fondre de la ***neige*** et de laisser le liquide se mettre à température. Elle vaut aussi bien que l'eau de pluie sur les plantes d'intérieur.

juste assez

Si une plante a reçu ***trop d'eau*** (elle perd ses feuilles et prend un teint jaunâtre), sortez-la de son pot et laissez-la égoutter. Elle devrait reprendre un développement normal (mais les feuilles atteintes ne reverdiront pas).

Pour redonner son tonus à une plante ***assoiffée***, plongez-la dans un seau d'eau pendant une nuit. Le lendemain, il ne devrait plus rien y paraître !

au pied !

L'idéal est d'arroser les plantes au pied et jamais sur le feuillage. Pour guider l'eau, il suffit d'enterrer à l'envers une bouteille dont on aura découpé le fond. Cet ***entonnoir*** viendra approvisionner directement les racines.

Pour les plantes en pot, il existe des solutions toutes faites du commerce, mais avec une bande épaisse de ***tissu hydrophile*** plongeant dans le pot et reliée à une réserve d'eau, on peut fabriquer son propre arrosage automatique. Il faut cependant le tester avant de s'absenter, car cela ne réussit pas toujours !

avant la pluie

Cela me semblait idiot : mon voisin se précipitait pour donner un coup d'arrosoir avant l'arrivée de l'orage. Mais un jour, il m'expliqua : cela amorce le trajet de l'eau dans la terre et évite qu'elle ne ***ruisselle***. En terre sableuse, c'est précieux !

programmer

Le plus sûr, lorsque l'on doit s'absenter, revient à faire confiance à une vanne programmable. Et même si vous êtes présent, vous pouvez la régler de telle sorte qu'elle se déclenche en ***pleine nuit***, au moment où les plantes sont le mieux disposées à profiter d'une bonne rasade !

Les bons tuyaux

sur mesure

Il y a heureusement d'autres solutions que l'affreux enrouleur de tuyau vissé dans le mur. On peut tout à fait dissimuler le tuyau dans un pot à col étroit, qui servira de ***dévidoir*** élégant.

Le grand classique : on tire sur le tuyau et ce sont les delphiniums qui tombent au passage ! Contre ce problème, installez des ***passe-tuyaux***, c'est-à-dire des piquets courts contre lesquels le tuyau glissera, sans faucher les plantes derrière.

goutte-à-goutte

Fabriquez votre propre système pour arroser votre haie en déroulant un ***vieux tuyau*** au pied des végétaux. Avec un clou, faites un trou au niveau de chaque pied. Bouchez une extrémité, raccordez l'autre au réseau et mettez sous pression : vous avez un goutte-à-goutte sur mesure !

nouvelle vie

Lors de la plantation d'un jeune arbre, enterrez un ***bout de tuyau*** au cœur de la motte (à 50 cm de profondeur) et laissez dépasser de terre de 20 cm. Vous n'aurez qu'à le raccorder au réseau pour arroser l'arbre le plus efficacement du monde.

Un vieux ***pommeau de douche*** devenu sans usage peut très bien servir au jardin. Il suffit de le raccorder au tuyau d'arrosage, avec des colliers de serrage à vis (en « escargot »).

réserve d'eau

Purgez-la en automne, pour éviter que la vase ne s'accumule au fond (c'est un bon engrais, cependant) et surtout que le gel n'abîme le réservoir si l'ensemble devait se transformer en glace. Remplissez-la à nouveau à partir de mars.

potager

Pour arroser plus efficacement encore une parcelle de légumes, entourez-la de ***bordures*** relevées de 30 cm (une butte de terre faisant tout le tour). Prévoyez une « écluse » à un endroit afin de laisser s'écouler l'eau de pluie en excédent. C'est un peu de terrassement, mais que d'eau économisée, surtout au sud !

arrosoirs

Je suis un fana des arrosoirs, surtout les modèles anciens, en fer. Ils ne sont pas plus lourds que ceux en plastique, mais ils sont tellement plus stables et confortables à porter. Et puis, lorsque la pomme d'arrosoir fuit, humecter les plantes rafraîchit aussi les pieds (les miens) en été ! Pour ne pas les payer trop cher, je les chine dans les ***vide-greniers***… et surtout, j'en récupère dans les déchèteries.

En hiver, tous les arrosoirs, ceux en métal en particulier, doivent être stockés ***à l'envers***. L'eau qui y gèlerait les abîmerait.

Croisez le fer

protéger

Le fer des outils doit être entretenu, surtout s'il est en contact fréquent avec la terre. Un coup de brosse métallique, un coup de vieille ***huile*** de table passée au pinceau et le voilà protégé pour l'hiver.

manches

Evitez que les manches des petits outils ne s'abîment trop vite en les badigeonnant de ***paraffine*** liquide. Raclez l'excédent pour une meilleure prise en main.

Poncez ceux qui sont trop rugueux, pour prévenir les ***ampoules*** : vous verrez la différence !

Réutilisez les manches d'***outils cassés*** en guise de piquets guidant le tuyau d'arrosage à l'angle des massifs, ou bien comme… plantoirs à repiquer, après avoir taillé en pointe l'une des extrémités. Futé, non ?

Les manches d'outils munis d'une ***poignée*** – si pratique – se réparent en posant un manche droit classique, sur lequel vous fixerez un embout-poignée en plastique (laid mais utile). Sinon, bricolez une poignée en fixant un petit morceau de manche en travers, à l'extrémité.

affûter

Pour affûter le ***sécateur***, utilisez une pierre corindon. À défaut, employez un tesson de pot de fleur. On aiguise toujours vers l'extérieur de la lame et seulement sur la face inclinée.

Mais surtout, astreignez-vous à ***nettoyer la lame*** du sécateur avec un solvant puissant pour le décrasser du latex et des résines qui s'y accumulent, au moins une fois par an. C'est une petite corvée, mais vous aurez l'impression d'avoir un sécateur tout neuf !

Le must : affûter la ***bêche*** à la meuleuse, qui lui rendra son tranchant d'antan. Je m'amuse même à tailler de nouveaux outils à partir de vieux, avec ce genre de joujou électrique !

brouette

Si votre brouette possède des roues avec chambres à air, gardez une bombe ***anti-crevaison*** pour réparer au moment fatal où elle se dégonflera en plein travail !

Et si la partie avant s'est ***déformée*** parce qu'on y a mis des choses trop lourdes, on peut la rigidifier en fixant à l'extérieur des barres de renfort.

barbecue

Le barbecue n'aime pas passer l'hiver dehors. ***Mettez-le sous abri*** dès que vous n'en avez plus l'utilité ou couvrez-le d'une bâche (mais cela ne l'empêchera pas de rouiller, car de la condensation se retrouvera à l'intérieur).

Les ***cendres*** du barbecue ne doivent pas être utilisées au jardin si elles contiennent des restes d'hydrocarbure ayant servi à l'allumage : si c'est le cas, direction les ordures ménagères !

Bien droit avec les tuteurs

attention, fragiles !

Disposez les tuteurs dans les massifs de ***plantes retombantes*** (pivoines, sedum…) avant que les plantes poussent. Devenues hautes, la casse est assurée si vous ne leur offrez aucun soutien.

Tuteurez les plantes fragiles du pied, comme les lavandes, avant un épisode ***orageux***. Le vent les déchausse facilement et peut les faire périr.

tomates

Attacher les tomates, c'est tout un cérémonial. Imbibé de cette odeur si caractéristique de leurs feuilles, on rêve aux promesses de ratatouille et autres délices d'été, en veillant jalousement sur les jeunes fruits. Mais voilà, il ne faut pas que le ***poids des fruits*** déstabilise tout le plant et le fasse tomber, d'où la nécessité de bien les attacher. D'abord en les munissant de solides tuteurs. On utilisait parfois des tasseaux de récupération, mais notre vénérable voisin ne s'est jamais départi de ses piquets en fer en forme de « T ». Il faut dire que les fers spiralés actuels sont bien jolis, mais très peu stables : il faudra que vous les attachiez à un fil de fer les reliant par le sommet, si vous ne voulez pas que les tomates jouent aux dominos en se poussant les unes contre les autres !

entretenir

Les tuteurs n'ont pas besoin d'entretien, mais cela ne leur fait pas de mal non plus ! En passant la base ***à la flamme*** jusqu'à ce que le bois charbonne un peu, vous éviterez par exemple qu'ils ne se décomposent en terre.

Et en les trempant en fin de saison dans un bain d'eau de Javel ou d'***eau bouillante***, vous les stériliserez. Indispensables pour les tuteurs à tomates !

noisetier

Les rameaux souples de l'arbre se courbent facilement. On peut donc en confectionner des ***arceaux*** assez facilement. On peut faire des cercles de bois et des sphères, le tresser… si on est manuel et que l'on a un peu de temps. Sinon, des arceaux de noisetier seront déjà bien utiles, puisque vous pourrez y faire grimper une plante ou poser un film de forçage par-dessus. Voici comment je procède : je fiche en terre l'extrémité la plus épaisse. Je courbe progressivement la tige jusqu'à ce que l'autre extrémité touche terre, puis je la rapproche de la première et je l'enfonce pareillement. L'arceau est prêt !

osier

Les tiges de ce saule sont encore plus faciles à ployer mais elles ne sont pas aussi résistantes que celles du noisetier. Le plus joli, c'est de travailler de l'osier dont on a ***retiré l'écorce***. Pour cela, on l'ébouillante, puis on pèle les tiges, tout simplement. Les vanneries, les tressages et les tuteurs durent bien plus longtemps de cette manière.

Employez des tiges d'arbres tortueux (des variétés particulières de saule et de noisetier) pour y faire grimper les tiges souples des hoyas et autres ***lianes d'intérieur***. Elles auront un port plus naturel.

protéger

Pour prolonger la vie de toutes ces réalisations, lorsqu'elles sont exposées aux intempéries, badigeonnez-les de ***bouillie bordelaise***. Cette préparation empêche les champignons décomposeurs de s'attaquer au bois.

Coiffez les poteaux en bois d'une ***boîte de conserve*** (en aluminium de préférence) pour leur éviter de pourrir du cœur. Ce n'est pas joli, mais c'est efficace, et cela vaut mieux que les produits pour le bois à base de solvants puissants…

embouts

On se plonge dans les plantations pour désherber, on n'a pas vu le tuteur car on se trouvait juste au-dessus… et ouille ! En plaçant un embout ***bien visible*** (un coquillage, un gros morceau de bois, etc.), vous éviterez pareille mésaventure !

fer à béton

Pour ***cintrer*** un fer à béton, plaquez-le contre un tonneau. En forçant, le fer se déforme pour prendre le contour arrondi du tonneau. Vous pouvez également essayer avec un solide bidon (en plastique dur).

Créez des liens

re-cyclé

Mon grand-père ne jetait pas ses vieilles ***chambres à air*** : il est bien connu dans les campagnes que, coupées en longues lanières, elles donnent d'excellents liens pour attacher les branches sans les blesser ni les étrangler.

brindilles

On peut faire ses liens ***en osier***, à condition de disposer de jeunes rameaux, souples et résistants.

Dans ma campagne, lorsqu'on n'avait rien sous la main, on confectionnait des liens grossiers en tordant une longue gerbe de ***foin***. Il faut prendre le coup de main, mais c'est bien pratique !

vêtements

Autre source de bons liens : les ***vieux collants***, qui sont très résistants et souples, idéals pour arrimer sans blesser.
On peut aussi utiliser des lambeaux de tissu « ***stretch*** » (élastique). De quoi redonner vie à un vieux pantalon…

à portée de main

Le plus simple, c'est encore d'emporter des liens avec soi. Cela me donne une drôle d'allure, mais je m'en vais souvent faire un tour dans le jardin avec une botte de liens (en raphia) attachés ***à la ceinture***. Toujours là quand il faut !

nouer

Attachez plus efficacement une tige le long d'un tuteur en posant un lien tous les 10 cm sans trop serrer, plutôt que de les espacer de 30 cm en forçant beaucoup, ce qui risque de casser la tige.

bien panser

Si vous devez arrimer une grosse branche, ne le faites jamais avec un simple fil de fer, qui cisaillerait l'écorce et blesserait le sujet. Passez-le dans un morceau de vieux tuyau, qui en limitera le ***frottement***.

N'enfoncez ***ni clou ni vis*** dans un tronc, car l'arbre en garderait une balafre et une fragilité pour le reste de ses jours. Accrochez un panneau à un arbre en le liant au tronc, avec l'une des techniques indiquées précédemment.

S.O.S.
pépins au jardin

Mauvaises herbes ?

tout est relatif

Un paysagiste célèbre a dit : « il n'y a pas de mauvaise herbe, il n'y a que de mauvais regards. » Il est vrai que les mauvaises herbes, ce sont les plantes qui poussent là où on ne le leur a pas demandé. En la matière, mieux vaut la ***prévention*** que la répression, parfois éreintante. Avant tout, souvenez-vous qu'un binage… évite bien des désherbages !

Les mauvaises herbes ont des vertus, elles sont notamment d'excellents ***indicateurs***. Ainsi, les joncs poussent sur les terres toujours humides, même en été. Le mouron, quant à lui, suggère un sol riche en azote, tout comme l'ortie et le chénopode. Le tussilage trahit les mauvaises terres, pauvres en phosphore. Et les plantes de terre acide (digitale, ajoncs, genêts) prescrivent un apport de chaux.

ortie

Mon voisin retraité et jardinier acharné disait : « les orties, c'est du fer ! » Il en donnait à picorer à ses poules et ses dindons. Depuis, je me suis rendu compte que cette piqueuse valait les épinards, en bien meilleur. Essayez-la en chutney, en velouté ou en quiche ! Elle ne manque pas de qualités, d'autant plus qu'elle est aussi riche en protéines que certaines viandes. Alors, mauvaise l'ortie ?

ébouillanter

Entre les dalles de la terrasse, dans les anfractuosités d'un escalier ou face à des levées intempestives dans le gravier de l'allée, le ***plus simple*** consiste à arroser les indésirables d'eau bouillante. Elles ne repousseront pas, surtout si on vise le cœur des rosettes !

L'eau chaude sert aussi à détruire les ***mauvaises herbes*** qui ont tendance à reprendre sitôt arrachées, comme le chiendent ou le liseron. En les plongeant dans un seau d'eau bouillante, on s'en débarrasse sans risque de propagation.

bâche

Mon astuce préférée pour me débarrasser des mauvaises herbes sans m'éreinter : poser une bâche noire au sol et planter les légumes par-dessus. Les courgettes poussent sur la couche opaque. Productif et sans fatigue !

en friture

Certaines plantes vivant plaquées au sol, comme le plantain, sont en réalité assez vulnérables : il suffit de les ***badigeonner d'huile*** (celle de la friteuse convient tout à fait), en plein été. Le soleil les brûle et elles se ratatinent.

carton

Je récupère toujours les morceaux de carton, que je débarrasse de leur scotch et de leurs agrafes. Plaqué ***au sol*** au pied des jeunes arbres, il empêche que les folles herbes n'envahissent la base de la ramure et maintient la fraîcheur en été. Au pied des légumes, il faut éviter : c'est un repaire à limaces !

pissenlits

Les pissenlits ornant une pelouse, ça a son charme. Mais point trop n'en faut. Alors, avant qu'ils ne se décident à monter à graine, je fais un tour dans le jardin, avec un seau et un vieux ***couteau de cuisine***, pour les déloger. Certes, c'est du travail, mais qu'on est bien à quatre pattes dans l'herbe tendre !

stériliser

Lorsque les mauvaises herbes sont en graines, il faut agir vite, sous peine d'être envahi. Avant que les semences ne s'en échappent, je les coupe et les entrepose dans un ***incinérateur de jardin***. Elles y attendent la prochaine flambée sans se répandre.

Lorsque l'incinérateur est en marche, je me sers du ***couvercle*** bien chaud… comme d'un grill à mauvaises herbes. Je les fais un peu «poêler » et hop, elles trépassent !

compostage

Lorsque les mauvaises herbes n'ont pas de graines et sont assez tendres, il est inutile et même dommage de les jeter au loin : mercuriales, jeunes euphorbes et rosettes de patte-de-pigeon ne portant pas de graines ne reprennent pas sous 10 cm de terre. Alors, je creuse un ***petit trou***, je les ensevelis et elles se décomposent en terre, pour le bonheur des plantations à proximité.

prêles

La prêle indique des sols humides et souvent acides. C'est surtout une vraie peste, qui a au moins l'avantage de prouver que les désherbants chimiques ne peuvent pas tuer toutes les plantes. Contre cette belle envahisseuse, le meilleur remède consiste à épandre de la chaux en fin d'hiver et surtout d'***arracher toute repousse***.

achats

Inspectez bien les plantes après achat : il n'est pas rare que se tapissent au pied de ***discrètes importunes***, qui pourraient prendre le dessus une fois en terre.

vigoureuse renouée

Contre la terrible renouée du Japon, la lutte est difficile car cette herbe géante est pourvue d'une vigueur peu commune dans le monde végétal. Mais ce serait compter sans l'opiniâtreté des jardiniers ! Inutile d'essayer les désherbants chimiques, ils ne marchent pas. Première solution : ***arracher les repousses*** dès qu'elles apparaissent, même la plus petite. Au bout de trois ans, la touffe est bien affaiblie.

Sinon, rasez la touffe, couvrez-la d'une grande ***bâche noire*** (en débordant de un mètre sur le côté). Couvrez de terre par-dessus et plantez un massif, en attendant cinq années que la souche meure. Celle-là, il vaudrait mieux lui trouver des qualités, car on est souvent obligé de vivre avec !

navet du diable

La bryone (c'est son autre nom) a la manie de pousser dans les haies, à partir d'une ***grosse racine toxique*** (d'où son surnom). Une fois que les tiges portent ces guirlandes de baies rouges, l'envahissement est pour bientôt. Seule solution : repérer d'où surgissent les tiges, puis creuser à cet endroit pour arracher le tubercule enfoui en profondeur. C'est notamment efficace en hiver car, exposée à la froidure, la racine périt immanquablement.

glands

Envahi par les glands tombant sur la pelouse à l'automne ? Faites-les chauffer dans un incinérateur de jardin, sans les brûler complètement. La chaleur les tue et il n'y a plus qu'à les jeter au compost sans risque de ***germination***. Ou alors, ébouillantez-les.

chacun son tour

Le meilleur moyen pour ***désherber moins*** consiste à se focaliser sur les plantes vraiment gênantes (comme les jeunes arbres, qui atteignent vite de grandes dimensions). Les petites plantes (mercuriales, mouron) se situent à l'autre extrémité sur l'échelle des menaces…

Sus aux limaces

chaîne alimentaire

Ah, quelles pestes lorsqu'elles sévissent, avec leurs cousins les escargots ! On a beau lutter, il en revient toujours, même en pleine ville ou en rase campagne. Les moyens de leur régler leur compte ne manquent pas, mais il faut le faire ***en douceur***, car ce serait leurs prédateurs naturels (les hérissons, les crapauds et les carabes) qui en pâtiraient.

sans violence

Les jardiniers ne manquent pas d'imagination lorsqu'il s'agit de faire trépasser les limaces. Il y a une méthode douce, ***les regrouper*** dans un contenant et aller les libérer à bonne distance (au moins 500 m) du jardin. Il ne sert à rien de les balancer chez le voisin (un grand classique chez les jardiniers) : les limaces et escargots peuvent parcourir assez de distance pour revenir chez vous !

nocturne

Les limaces se promènent la nuit, contrairement aux escargots, diurnes. C'est l'occasion de sortir avec une ***torche*** pour les surprendre en train de commettre leurs méfaits. Certes, cela risque d'intriguer vos voisins, mais c'est pour la bonne cause : la survie de vos salades !

pièges

Si vous ne voulez pas jouer les oiseaux de nuit, posez des pièges à limaces. Il suffit de leur laisser un abri humide et opaque pour qu'elles viennent s'y masser à la levée du jour. Des ***demi-pamplemousses*** évidés posés contre terre, des tuiles humides, des feuilles de plastique noir leur plairont. Vous n'aurez qu'à les vider périodiquement de leurs habitants.

Vous pouvez aussi poser à même le sol une ***coupelle de bière***. Cela attire les limaces, qui s'y noient… Mais cela donne aussi l'occasion aux hérissons de se saouler.

Or, ces derniers peuvent en périr. La bière attire aussi les carabes, qui s'y noient tout autant. N'utilisez que la bière sans alcool, et uniquement si votre jardin est à bonne distance des bois.

Tout anti-limace, même bio, doit de toute façon être posé ***sous une tuile*** faîtière ou un autre abri pour plus d'efficacité.

cendre

De la cendre de bois épandue au pied des plantations les protège assez efficacement contre les limaces… tant que le temps reste sec. Car une fois la cendre mouillée, elle perd tout effet ***répulsif***. Il faudra alors en disperser de nouveau.

N'en faites pas une maladie !

agir à point

Une petite tache sur une feuille, un bord un peu mangé : rien de grave, c'est la vie du jardin ! Mais si les choses deviennent sérieuses, alors n'attendez pas pour réagir. Plus tôt on chasse un intrus et ***moins les dégâts*** sont importants.

pucerons

En voilà qui attirent l'attention, malgré leur petite taille. Ils font pourtant peu de dégâts, sauf sur les ***petits semis***, si tendres. Coupez les feuilles hébergeant des colonies de pucerons : vous éviterez ainsi une invasion. Et s'il reste des pucerons, pulvérisez une solution d'extrait de pyrèthre. C'est souvent suffisant.

Avec des restes de ***tabac***, préparez une décoction et pulvérisez-en les semis. Les pucerons ne devraient pas le supporter. Cette astuce marche aussi avec l'absinthe et la tanaisie, deux plantes riches en composés insecticides.

alcool

Les échantillons de ***parfum*** sans intérêt serviront à enrayer de petites colonies de pucerons, d'un pschitt parfumé ! Ou alors, trempez un coton-tige dans de l'alcool et imbibez-en les pucerons, pour un résultat identique. Une tâche minutieuse à réserver aux petites infestations.

cochenilles

Contre les cochenilles (les petites carapaces plaquées contre les tiges), utilisez aussi le coup du ***coton-tige alcoolisé***. Elles ne sont pas faciles à chasser et il faudra peut-être employer de gros moyens si elles se maintiennent.

La ***poussière noire*** qui se développe sur certaines plantes provient du miellat rejeté par les pucerons ou les cochenilles. Lutter contre ces derniers fait disparaître cette couche de suie nommée… fumagine.

charbon de bois

Saupoudrez de poudre de charbon de bois les plaies de plantes herbacées (boutures de cactées, rhizomes d'iris sectionnés…). La ***cicatrisation*** sera plus rapide et de meilleure qualité.

La poudre de charbon de bois doit être confectionnée avec des restes récents de feu de bois et en aucun cas mouillés par la pluie. Enfermez quelques morceaux dans une grosse ***enveloppe*** et pilez, sans frapper. Les propriétés antiseptiques de la poudre se conservent tant qu'elle ne prend pas l'eau.

nématodes

Contre les nématodes du sol (minuscules vers parasites des plantes), plantez des ***œillets d'Inde***, qui les extermine. Les roses d'Inde n'ont pas cette propriété.

taupins

Enterrez des ***pommes de terre*** évidées pour piéger les insectes du sol, comme les taupins (ou vers fil-de-fer).

ermes
et
ardins
1938
BAZAR
de L'HOTEL de VILLE
1-CF-13.492. AMEUBLEMENT moelle de roti
nture renforcée malacca, rampes et garnitures couleur. Les 5 pièces...... 299.
Le fauteuil ...... 59.» La table .... 69.
2-CF-14.493. AMEUBLEMENT bois dur ponc
prêt à peindre, sièges larges et confortables. Les 5 pièces .... 379.
Le fauteuil. 83.» La chaise. 43.» La table. 115.
3-CF-13.494. FAUTEUIL moderne, grand lux
moelle de rotin uni, monture malacca. Très confortable .... 190.
4-CF-13.495. FAUTEUIL confortable, haut dossie
monture renforcée malacca, tissage moelle de rotin. Garnitures riches, couleurs .... 137.
5-CF-13.496. CHAISE LONGUE, monture
extra-renforcée, vannage fantaisie, coule
bandes, sièges et dossier incurvés, bras mobiles. Recommandé .... 243.
annage entièrement moelle de rotin ...... 210.
6-CF-13.498. CHAISE LONGUE malacca, rotin
damassé fin uni, bras mobiles, siège cintré. 116.
La même, avec bandes couleurs .... 149.
Extra-fort, châssis large, bras mobiles .... 169.
7-CF-13.497. CONFORTABLE haut dossier,
nture rustique châtaignier. Réclame ... 39.
avec bandes couleurs .... 47.
Article recommandé, "B. H. V." ...... 59.
monture malacca, pieds renforcés. 75.
8-CF-13.499. CHAISE LONGUE
une seule pièce, bras fixe. Réclame. 74.
Monture malacca .... 113.
La même, bandes couleurs, bras mobiles. 147.
Garniture matelas, cretonnette et kapok. 57.
» » onne et kapok .. 89.
» » Toile d'Alsace unie .. 119.

Autour du jardin

Cultiver les plantes, c'est bien, mais pour forger un jardin digne de ce nom, il faut aussi l'organiser, en prenant soin des bordures, des allées, etc. L'œil du jardinier ne doit pas s'intéresser qu'au végétal, car la vie peuple même le plus petit lopin : quel bonheur d'observer les oiseaux, les nuées d'insectes et de plantes poussant au gré du hasard ! Autant de découvertes qui attendent les petits comme les grands, parfois à coups de piqûres ! Heureusement, j'ai aussi quelques astuces pour votre confort.

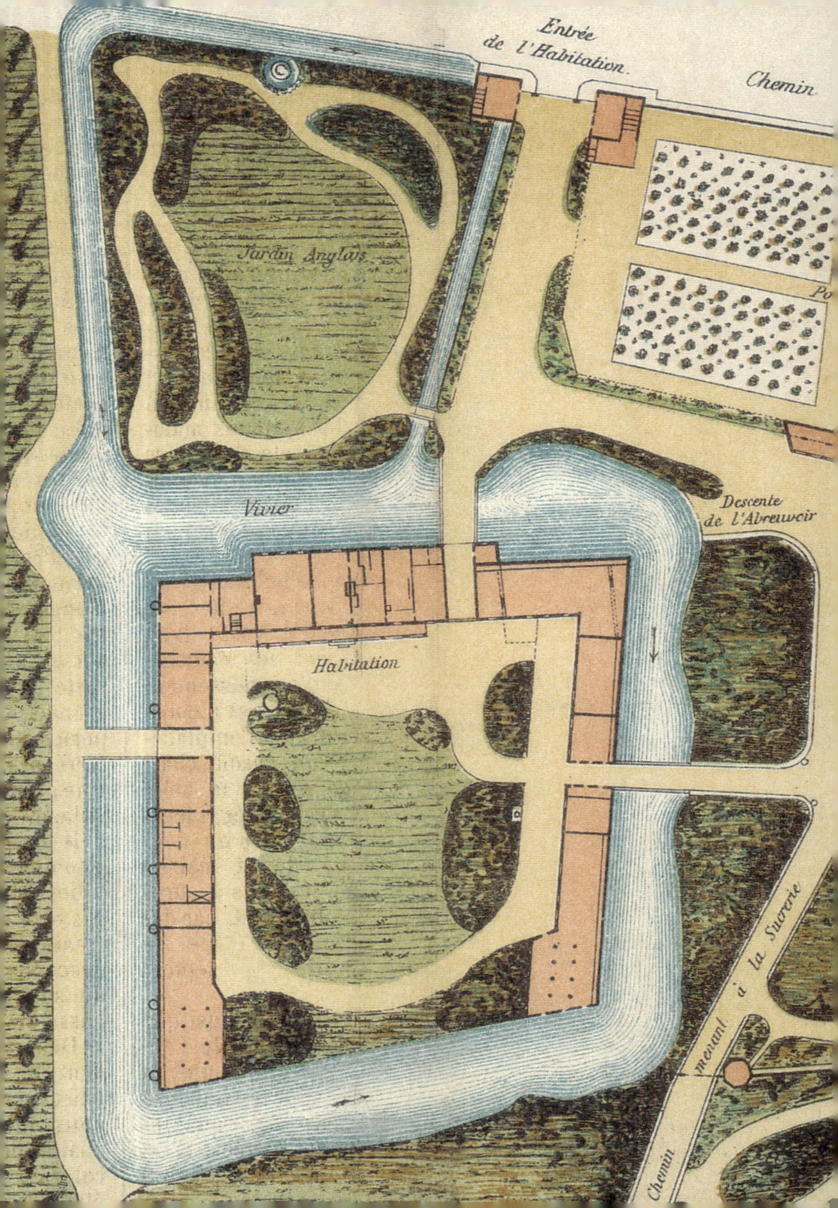
Entrée
de l'Habitation
Chemin
Jardin Anglais
Po
Vivier
Descente
de l'Abreuvoir
Habitation
Chemin menant à la Sucrerie

Aménager le jardin

Des allées nettes

un bon matelas

On peste volontiers contre les allées de ***gravier***, dont l'entretien serait fastidieux. Je dis bien « serait » car le jardinier bien organisé n'aura pas trop de tracas. Prévoir tout d'abord une épaisse couche de gravier, d'au moins 10 cm. Ainsi, les rosettes s'y installeront moins facilement.

Le gravier en contact avec la terre nue a tendance à s'y incruster et ***à se tasser***. Une épaisseur de voile géotextile évitera ce souci… mais il faudra bien la poser, à plat sur le sol. Un coupe-vent à mailles très fines ou du voile de paillage plastique, moins coûteux, pourra avoir le même usage…

entretien

Pour limiter les ***levées*** non désirées, il suffit de passer un coup de binette lorsque la verdure pointe son nez dans l'allée.

Les plantes cultivées adorent se ressemer dans les allées. Aussi fais-je toujours attention à ce qui y pousse avant de désherber. J'y trouve de ***vigoureux plants*** de graminées, d'arbustes à fleurs ou de roses trémières, à pouponner en pot après repiquage !

stylée

Plutôt que de tracer une allée toute droite, faites-la ***sillonner*** à travers le gazon. Mais astreignez-vous à ne pas cheminer en coupant les virages !

alternative

Si vous disposez d'une grande quantité de ***tuiles plates***, pourquoi ne pas en confectionner une allée, avec des tessons étalés en couche homogène ? Certes, il est moins agréable de marcher dessus, mais le rendu coloré tranche avantageusement avec la végétation…

pas japonais

Cette méthode, consistant à placer des pierres plates ***dans le gazon***, est un peu passée de mode. C'est dommage, car elle allie le côté pratique à l'esthétique. Vous pouvez aussi opter pour des morceaux de poutre large ou des rondins de bois…

Et entre les plantes cultivées ***dans les plates-bandes***, disposez des pierres plates ou de vieilles tomettes à raison d'une tous les 50 cm.

Bordures sans reproches

bien nette

Délimiter les plantations et le gazon est impératif, sans quoi la limite toujours enchevêtrée finit par devenir une vilaine friche, ni plantée ni tondue complètement. Les jardiniers britanniques coupent les bordures méticuleusement, avec un coupe-bordure, cette drôle de petite bêche en forme de demi-lune. Une ***bêche*** classique fera aussi bien.

Lorsque vous refaites vos bordures, guidez-vous sur un ***cordeau*** pour trancher de façon bien rectiligne. Cela fait plus net et met en valeur les plantations.

la tuile !

Les vieux matériaux de construction, en particulier ceux ayant servi pour le toit, peuvent débuter une ***nouvelle vie*** en délimitant le gazon. On les placera soit à la verticale, comme une petite paroi, soit à l'horizontale, comme pour marquer un seuil. Cette dernière solution est insolite mais bien plus jolie !

stop-gazon

Les jardiniers des grands parcs avaient l'habitude d'enterrer des planches sur la tranche afin de lutter contre le débordement du gazon. Une solution facile à reproduire, avec du ***bois récupéré*** sur de vieilles palettes ou du lambris usagé. Il faudra le remplacer tous les trois ans, car le bois se décompose en terre.

toxique !

Refusez toute offre de ***traverses de chemin de fer*** pour les bordures : elles sont imbibées de produits toxiques et leur vente aux particuliers est interdite. En revanche, on trouve maintenant des alternatives écologiques dans les jardineries : de grosses poutres traitées contre les champignons.

variantes

Délimitez les petits sentiers dans le jardin en les bordant de galets ou de briques. Ces dernières peuvent être à demi enterrées, en position oblique, de manière à créer un motif en ***dents de scie***.

Orner pour cacher

parois

Donnez du style à un mur de ciment en y incluant des ***tranches de rondins*** dépassant de 1 cm de la surface. Passez-les au vernis afin qu'elles se conservent indéfiniment.

Autre solution : sur un mur aveugle, accrochez… des ***cadres*** de bois comme pour des photos ou des sous-verre. L'effet est surprenant et crée une impression de pièce d'intérieur qui donne de la convivialité au mur !

cache-misère

Cachez une citerne à eau en plastique en l'entourant de planches de bois jointives, comme une ***palissade***, que vous peindrez ou laisserez à l'état brut selon vos goûts.

noir et blanc

En région froide, peignez en couleur sombre les murs contre lesquels sont adossées les ***cultures frileuses*** (figuier, vigne). À l'ombre, peignez-les en blanc afin de réfléchir la lumière vers le feuillage.

couleurs

Un arbre au ***tronc triste*** ? Pourquoi ne pas le peindre ! Ce remède, inconnu chez nous mais en vogue chez certains jardiniers d'outre-Atlantique, a le mérite de réveiller un jardin assoupi. Peignez le tronc et les plus grosses branches jusqu'à 2 ou 3 mètres de haut.

impression

Fabriquez vos propres ornements de jardin en appuyant fortement des feuilles à nervures saillantes contre du ***ciment frais***. Vous pouvez ainsi agrémenter des passe-pieds, des supports de pot…

jardin d'art

Le *land art* peut s'exprimer dans un jardinet très réduit, voire sur un balcon et en intérieur. Il existe maintenant des manuels spécialisés, mais il est facile d'imaginer des ***installations poétiques*** à peu de frais.

Déco végétale

à accrocher

Réalisez un ***tableau végétal*** d'extérieur en accrochant des rosettes de joubarbe sur un lit de mousse tenue par du grillage. Décrochez le tableau et laissez-le prendre la pluie à l'horizontale à chaque occasion…

vannerie vivante

Il est très facile de créer un ***buisson*** aux tiges tressées. En hiver, prenez trois jeunes noisetiers ou saules, et plantez-les aussi près que possible. Tressez les tiges et éliminez les repousses le long de ce tronc multiple.

Tant que le bois reste souple, l'osier se tresse facilement, à condition de rester méticuleux. Mais tout ce qui est flexible peut en réalité servir à confectionner des plessis arrondis : les tiges de ronces, la clématite sauvage, le noisetier, le lierre… Il suffit de passer ces longues tiges entre des piquets solidement fichés en terre pour confectionner de petites ***bordures***.

Pâques

Récupérez les vieux nids et faites-en de ***mini-jardinières de table***. Il suffit d'y glisser une poignée de terreau et d'y planter un petit pied de plante succulente, comme une joubarbe… ou une plante-œuf (*Pachyphytum oviferum*) ! Les oiseaux ne réutilisent pas un nid existant (sauf les hirondelles), il n'y a donc pas de crainte à les récupérer.

plus vrais que nature

Cultivez une plante retombante sur un pot très haut ou un morceau de tuyau camouflé, afin de donner l'illusion d'un ***petit arbre***.

Donnez un air plus naturel à un ***vieil escalier*** en y laissant grimper un lierre à feuilles panachées ou découpées. Entre les marches, implantez des graines de campanule des Carpates et d'aubriètes, qui y formeront des colonies comme si elles avaient toujours été là.

mire

Donnez de l'intérêt à une impasse dans le jardin ou à un recoin en y installant un point d'intérêt, comme un végétal à la ***forme particulière*** ou un ornement de jardin qui captera l'attention.

100 % récup'

idées et vieux objets

La récupération est un art en soi et, au jardin, il s'agit d'une discipline obligatoire, grâce à laquelle la créativité de chacun peut s'exprimer, que l'on soit ***design ou romantique***. Il est bien fini le temps de nos grands-parents où les vieilles gamelles usées servaient de pot aux géraniums criards… et tant mieux !

effet bidon

Des fûts métalliques soigneusement repeints avec une ***couleur vive*** ou argentée hébergeront quelques plantations pour la saison. L'effet est particulier, mais déçoit rarement !

oubliés

Les vieux ***outils rouillés*** et inutilisables n'ont pas leur pareil pour agrémenter le jardin. Ne les mettez pas au milieu des plantations (trop artificiel), laissez-les traîner auprès d'une remise ou d'un point d'eau, comme abandonnés.

chinés

Récupérez de ***vieux volets*** et passez-les à la lasure : ils encadreront l'entrée sur une partie du jardin (potager, coin lecture…).

Une vieille ***tête de lit*** rouillée sera très bien pour servir de petite barrière basse devant un rosier au port retombant, comme les rosiers anglais.

sonore

Fabriquez-vous un ***carillon de jardin*** en associant entre elles des longueurs variées de tube en inox, pendues au bout d'un fil de nylon.

cache-pots

Les ***saladiers en inox*** vendus à petits prix dans les grandes surfaces serviront de cache-pots d'extérieur, à la fois design et incassables. Il est même possible d'y cultiver directement des plantes, en les emplissant à moitié de billes d'argile expansée ou en perçant un trou de drainage (à la mèche pour métal) !

Graines de jardiniers

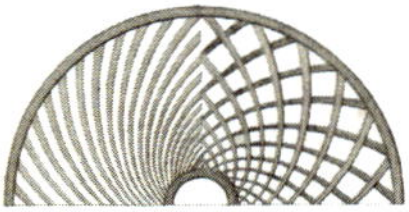

Le paradis des enfants

un petit coin bien à eux

Réservez un coin du jardin aux enfants. Dès l'âge de 4-5 ans, ils vont commencer par jouer ***dans la terre*** en la gratouillant et auront envie de la cultiver plus tard, vers 7-8 ans.

Plantez à leur intention des ***plantes amusantes*** à toucher, comme les oreilles de lièvre (*Stachys byzantina*) douces comme une peluche, ou bien odorantes, comme la mélisse, la menthe, la violette…

ensemble

Semez avec eux des légumes à pousse rapide, comme des radis ou des carottes hâtives. Réservez-leur quelques pieds de tomates cerises et de fraisiers. Il est important de ***planter avec eux***, puis de les laisser faire : ils ne risquent pas l'échec et l'opération est très pédagogique.

Le jardin est une école en soi : les enfants y apprennent bien des choses, mais restez à ***leur disposition*** pour les écouter et les aider. Un échec pourrait les démotiver s'il ne leur est pas expliqué. S'ils se découragent, expliquez-leur ce qui n'a pas marché et éventuellement, motivez-les sur des plantes inratables.

paysages

Confectionnez avec eux des ***mini-jardins*** dans une vasque (ou une lessiveuse en zinc) : de jolis cailloux, des joubarbes, des orpins et de la mousse déchaîneront leur imagination !

petites mains, petits outils

Le meilleur moyen d'inciter les enfants à jardiner consiste à ***les équiper*** d'outils à leur taille : petite bêche, arrosoir de 3 litres, brouette et griffe à main leur donneront la vocation !

N'oubliez pas de leur fournir du ***matériel d'observation***, comme une loupe et un compte-fils. Un petit guide naturaliste sur les habitants du jardin complétera la panoplie, avec un carnet dans lequel ils pourront noter leurs propres observations (à partir de 8-9 ans).

Objectif sécurité

ouille !

Apprenez aux enfants à se méfier de certaines plantes du jardin (orties, baies des arbustes d'ornement). Placez les plantes pouvant poser souci (les plantes piquantes) ***au centre des massifs***, loin des petites mains.

sous clé

Tous les ***produits dangereux*** (certains produits bio peuvent l'être, comme le soufre ou la chaux) et les outils à moteur (même électriques) doivent être maintenus sous clé. Manipulez-les toujours en dehors de leur présence.

insolation

Les longues heures passées dans le jardin ont vite fait en été de faire rougir les nuques : exigez le port du chapeau et tartinez-les de crème solaire en toutes circonstances !

De même, soyez ferme quant à leur bonne ***hydratation***, en leur imposant une pause pour boire des jus de fruits frais. Dure vie que celle des apprentis jardiniers !

anti-ennui

Suggérez-leur de réaliser des ***colliers de graines*** du jardin : graines de courges, samares d'érable, cupule de chênes…

Réaliser un ***épouvantail***, avec chapeau et vieilles dentelles, offre une bonne occasion de rire pendant une après-midi entière et décore le potager. Une telle réalisation n'effraie pas vraiment les oiseaux, mais tant pis !

LE PAYSAN
SACHET N° 71
RADIS ROND rose à grand bout blanc. Radis national
LE PAYSAN
SACHET N° 84
CHICORÉE FRISÉE DE RUFFEC (BÉGLAISE) (DE BORDEAUX)
Grosse blonde paresseuse
Graine blanche)
LE PAYSA
Bonnes graines • Beaux légumes • Bonne t
EN VENTE ICI

À
la cuisine

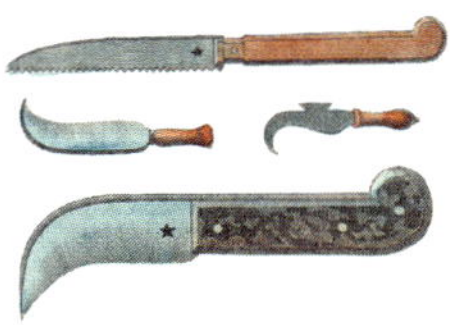

Le goût avant tout

faux durs à cuire

Certains légumes, comme les courgettes, ont la réputation d'être fades et on reproche à d'autres leur manque de finesse. Essayez de les faire cuire ***en papillote***, dans un papier à pâtisserie. Cette méthode, qui exige une longue cuisson à four moyen (150 °C), dévoile des saveurs plus subtiles. Les légumes sont également plus riches en sels minéraux. Cette astuce est aussi à appliquer aux betteraves, en particulier la variété « Crapaudine », à racine allongée comme une grosse carotte.

sous la cendre

Un de mes régals d'enfance, c'était de déguster des ***pommes de terre*** cuites dans la cendre. Je les glissais avec une pince à feu, là où il n'y avait pas trop de braises, et je les laissais environ 30 minutes. Quel bonheur de savourer ce parfum un peu boisé !

Une autre méthode pour cuire des légumes sous la cendre consiste à les enrober d'une ***couche d'argile verte*** de consistance assez épaisse pour pouvoir les rouler dedans : le légume cuit à l'étouffée. Il n'y aura alors plus… qu'à casser la croûte !

Saveurs sauvages

ail des ours

Lorsque vous partez en ballade, prenez toujours de quoi rapporter vos trouvailles culinaires… Ne manquez pas, notamment, de cueillir de l'ail des ours lors des promenades ***dans les bois*** : haché avec du fromage de chèvre, c'est un condiment délicieux. Attention à ne pas le confondre avec les feuilles de colchique ou de muguet, très toxiques !

orties

Mangez les orties sans retenue ! Les pousses tendres du printemps perdent tout leur ***principe urticant*** dès qu'on les plonge dans l'eau chaude, ce qui permet d'en tirer parti. Les feuilles sont très nourrissantes et en font une « verdure » de première classe ! Employez-les à la façon de l'épinard, par exemple.

Pour ma part, je les préfère ***en velouté***, obtenu en ébouillantant les feuilles dans un bouillon, passé au mixer, bien relevé puis agrémenté d'une cuillère de crème fraîche. Avec de simples croûtons à l'ail, c'est parfait !

houblon

Les pousses de houblon peuvent se préparer ***à la poêle***, comme des asperges, lorsqu'elles sont encore tendres (on doit pouvoir les casser en les pliant). Parfait pour donner un goût insolite à une omelette.

Et si le houblon vous intéresse pour la ***bière***, à laquelle il donne son amertume et une partie de son arôme, sachez que la recette est compliquée… et que les autres ingrédients peuvent coûter cher !

citron

Apportez une note citronnée à vos salades en y incorporant des feuilles de ***faux lierre*** (Glechoma) coupées en lanières. N'en abusez pas cependant, car son goût est marqué !

poivré

La menthe poivrée est tout autant comestible que la menthe verte, mais un peu plus amère. Essayez-la dans des ***sauces***, ou en la mariant avec l'orange !

Faites vinaigre !

framboise

Fabriquer un authentique vinaigre de framboise est un ***jeu d'enfant***. Dans un grand bocal, enfermez 1 litre de vinaigre d'alcool (blanc) dilué au tiers avec de l'eau, ajoutez 50 g de sucre et 200 g de framboise. Oubliez trois mois et filtrez. Simple non ?

pickles

Il n'y a pas que les cornichons que l'on puisse ***confire*** au vinaigre : les très jeunes épis de maïs, les petites courgettes, les courges douces peuvent aussi se conserver de la sorte, parmi bien d'autres. Faites vos essais !

huiles

Parfumer un vinaigre, c'est bien, mais la sauce sera ***encore meilleure*** si vous employez une huile aromatisée. Dans une bouteille de bonne huile d'olive, placez un rameau de romarin et un de sauge, cueillis à la plus chaude heure de la journée. L'huile parfumée est prête au bout de 8 jours.

Conserves sèches

pommes

Ce sont les fruits les plus faciles à conserver par séchage. Coupez des tranches épaisses de 5 mm au plus, sans les éplucher. Déposez ***à l'air libre*** sur une plaque métallique, en saupoudrant d'un peu de sucre glace. En plein soleil, les tranches sèchent en 3 à 4 jours.

abricots

Les oreillons ne se ratatinent pas si facilement. Seule solution : les étaler sur une plaque antiadhésive, saupoudrés d'un peu de sucre, et les laisser passer quelques heures ***dans le four*** maintenu à 50 °C. La recette vaut pour tous les fruits charnus : poires, prunes, pêches… Une fois secs, il faut vite les cacher en lieu sûr contre les rôdeurs !

confire

Même s'il ne s'agit pas de conserve tout à fait sèche, les fruits confits faits maison sont imbattables ! Il faut utiliser des ***fruits fermes***, qui tiennent à la cuisson (les petites poires dures, les agrumes et les cerises anglaises sont parfaites).

Le principe est simple : on les fait cuire pendant 5 minutes dans un sirop frémissant (250 g de sucre pour un demi-litre d'eau) à trois reprises, puis dans un sirop plus concentré (autant de sucre que d'eau) pendant 5 minutes, jusqu'à ce que la chair des fruits devienne translucide. On laissera les fruits tremper une nuit dans le dernier bain pour un meilleur résultat.

champignons

Les cèpes et les morilles peuvent être réhydratés sans souci, et leur parfum se concentre en séchant. Pourquoi s'en priver ! Procédez comme pour les pommes, ou bien accrochez les tranches à un ***fil suspendu*** dans une pièce bien ventilée.

Lorsque je dispose de beaux cèpes, je garde les belles parties pour la consommation à l'état frais. Mais je fais sécher les ***épluchures*** du pied et du chapeau, si elles sont propres. Ces brisures sauront relever une sauce ou un riz, tout bonnement !

roses

Faites sécher des boutons de rose, cueillis avant que les pétales ne se déploient complètement. Une fois réduits en poudre, ces boutons secs constituent un ingrédient de la ***cuisine orientale***. J'y roule les morceaux de moutons après les avoir fait colorer, lorsque je prépare mon tajine. Un délice !

Quelques ***boutons secs*** non réduits en poudre apporteront une touche de poésie à une pâtisserie ou égayeront des petits pains de fête…

renouveler

Le thym qui traîne au fond du placard depuis deux ans paraît bien fade… Pour toutes les aromatiques conservées au sec, je m'impose de les renouveler ***tous les ans***. Seule exception : les tranches de cèpes et les morilles, qui ne s'éventent pas dans un récipient hermétique, et que l'on ne retrouve pas si facilement !

Des ficelles de cordon-bleu

colorants bio

Berk, des colorants ! Le mot n'est pas vraiment synonyme de naturel, c'est vrai. Mais il n'y a rien de tel pour transformer une simple purée ou des œufs durs en créations de grand chef ! Colorez en ***rose*** avec un jus de betterave (le goût n'apparaît pas), en ***rouge*** avec des pétales de coquelicot, en ***bleu-violet*** avec des myrtilles, en ***noir*** avec de la baie de sureau, en ***jaune*** avec des pétales de rose d'Inde, en ***vert*** avec un jus d'épinard (sans risque de goût ferreux dans la préparation finale)… Vous pouvez aussi vous amuser à mêler les composants pour obtenir des teintes intermédiaires, mais l'exercice requiert de la patience pour trouver le bon dosage !

épices au pif

Lorsque je manque d'une poudre comme le curry pour aromatiser un plat, je mélange quelques brins d'***aromatiques sèches*** dans un mortier : thym, romarin, poivre, mais aussi selon l'inspiration et les moyens du bord, lavande, armoise (en petites quantités), sauge… Cela donne une poudre grossière que je tamise au chinois. Saveur garantie !

sucre aromatisé

Le blender, c'est magique ! Pour confectionner un cake parfumé à une ***plante comestible*** du jardin, je me contente de verser la quantité de sucre nécessaire dans le récipient broyeur, avec les feuilles ou les fleurs parfumées, et vroum ! Par exemple, avec de tendres pousses chipées sur un agrume (ce qui le taille du même coup), j'obtiens un sucre hyperparfumé qui aromatisera délicatement la pâte !

récoltes en stock

Les derniers fruits de la récolte (tomates, aubergines) n'ont guère de goût et on hésite à les cueillir. C'est une erreur ! Faites-en de la confiture sucrée-salée, en y ajoutant des oignons, du sucre et une pointe de vinaigre à la cuisson. Voilà un ***chutney*** qui agrémentera le rosbif durant l'hiver.

MOUREAUX FRÈRES
PARIS – PANTIN
Confitures
Conserves de Fruits
VOILA LE MEILLEUR DESSERT
DES FRUITS en toute SAISON!
Exiger la marque MOUREAUX FRÈRES

Un Chanteur
de nos jardins
Merle et
son nid.

Les animaux

Chats pitres

stupéfiant

Rien ne pourra plus faire plaisir à votre chat que de se voir offrir un ***pied de népéta*** (dit aussi cataire). L'odeur émise par la plante le rend tout simplement béat !

eau de Javel

L'autre plante que les chats affectionnent est l'achillée filipendule, dont ***l'odeur*** rappelle un peu celle de l'eau de Javel. Les goûts félins ne se discutent pas !

purgatoire

Le besoin de se purger est impératif, même si c'est peu ragoûtant. ***L'herbe à chat*** n'est autre que du blé que l'on a fait lever jusqu'à ce que les feuilles atteignent 10 cm, avant de le livrer aux crocs des mistigris.

En hiver, lorsqu'une telle culture était difficile, nous avions un remède simple mais efficace : on déterrait une belle ***touffe de gazon*** qu'on rentrait dans un pot. Succès assuré !

pas touche !

Les matous adorent la ***terre*** fraîchement ***préparée*** pour les semis et l'utilisent d'une façon rarement appréciable ! La meilleure prévention consistera à dérouler un grillage sur le sol, tout simplement. Vous le retirerez lorsque les plantules lèveront. Autre version : couvrez d'une toile de jute humide. Cette couverture aidera aussi les graines à lever.

atchoum !

Les méthodes pour tenir les chats ***à l'écart*** ne manquent pas : du poivre épandu à l'endroit où vous ne souhaitez pas les voir se prélasser, du soufre en poudre (à utiliser avec modération), des zestes de citron, de la poudre de menthe…

La ***rue*** (*Ruta*) est une plante à forte odeur qui les maintient également à distance.

toutous jardiniers

Pour empêcher le chien de creuser des ***trous*** en un endroit donné, plaquez au sol un grillage, que vous maintiendrez avec des piquets bien ancrés en terre.

Oiseaux, amis ou importuns

indispensables nichoirs

Parce que l'homme « nettoie » son environnement, les oiseaux ont de moins en moins d'endroits où nicher. Leur apporter des nichoirs devient donc nécessaire pour enrayer leur raréfaction. Placez-les en janvier-février, afin de leur réserver les meilleures chances d'être occupés au cours de la saison. Choisissez bien l'***emplacement*** : une situation ensoleillée et dégagée, d'où les oiseaux pourront voir surgir d'éventuels agresseurs. Le nid doit être placé à au moins 1,50 mètre du sol.

spécifique

Le ***diamètre*** de l'entrée du nid est un élément crucial ! En effet, il détermine le type d'oiseau qui y nichera. Un diamètre de 27 à 32 mm convient pour les mésanges, 32 à 35 mm pour le torcol, 40 à 45 mm pour la sitelle, 45 à 50 mm pour le pic épeiche, etc. Un bon nichoir du commerce doit d'ailleurs préciser l'oiseau auquel il est destiné.

précaution

Supprimez la baguette d'envol, ce petit bout de bois placé sous le trou et sur lequel les oiseaux peuvent se poser. Ils n'en ont pas vraiment besoin et cela aide considérablement leurs ***prédateurs***. Inutile de favoriser ces derniers !

squatteurs

Renforcez l'entrée des nichoirs avec une ***plaque de fer*** percée pour éviter que le trou ne s'élargisse : sinon, le nichoir ne pourra plus servir à vos oiseaux préférés.

Il peut aussi arriver qu'un ***lérot***, cet irrésistible petit rongeur masqué, y passe l'hiver. Évitez donc de déranger les nichoirs en hiver, et nettoyez-les à la fin de l'été, au moment où personne ne les occupe. À ce moment-là, décrochez les nichoirs, brossez-les et rincez-les à l'eau javellisée. Cela diminue très nettement le nombre de parasites qui guettent les jeunes couvées.

isoler

Il n'est pas interdit de recouvrir le ***toit*** du nichoir d'une petite plaque de zinc, afin de le rendre plus étanche. Le métal se patine vite et il ne risque pas d'effrayer les oiseaux.

vite fait

Accrochez un ***pot de terre cuite*** contre le mur, la plus grande ouverture collée à la paroi. Ce nichoir rustique sera occupé si les sites de nidification se font rares dans les environs.

chats

Limitez les ardeurs de ces prédateurs en les munissant… d'un collier à ***clochettes*** ! Bien sûr, ce n'est pas infaillible. J'ai le souvenir d'un matou qui avait appris à coincer son collier avant de passer à l'attaque…

Protégez les nids dans les arbres en plaçant un épais ***tapis de brindilles*** au pied, incommode pour le chat. Ou entourez la base du tronc d'un collier de grillage pour le dissuader d'y monter. Mais les matous sont agiles…

reconnaître

Les oiseaux du jardin qui ont un ***bec fin*** sont insectivores. Ceux qui ont un ***gros bec***, comme les moineaux, se nourrissent de graines (leur bec leur sert à la façon d'un casse-noix). Il faut parfois avoir le coup d'œil pour faire la différence !

bonne graine

Pensez à laisser des fleurs d'***artichaut*** monter à graines : les chardonnerets s'en régaleront ! De même, des ***tournesols*** laissés sur pied pendant l'hiver trouverontpreneur.

Sur les plus beaux pieds de ***plantain***, une herbe pas toujours bienvenue, je prélève en fin d'été de grands épis, que je suspends tête en bas contre le mur de mon abri de jardin, à l'extérieur. Les oiseaux n'y touchent pas tout de suite, mais lorsque la faim se fait sentir, ils viennent picorer les graines.

détourner

Pour profiter plus longtemps du spectacle des ***baies*** au jardin, il suffit d'en détourner les oiseaux en les nourrissant avec une denrée appropriée, comme des fruits secs hachés.

De même, pour protéger un peu ses ***cerisiers*** et ses ***pommiers***, il suffit de placer de nombreux points d'eau à l'attention des oiseaux en été. En effet, ce n'est pas forcément pour se nourrir qu'ils sont amenés à donner des coups de bec dans les fruits, mais c'est aussi parfois pour s'approvisionner en eau.

abreuvoir

La ***cardère*** (*Dipsacus*) est l'amie des oiseaux. Elle les abreuve par l'eau qui s'accumule à l'aisselle de ses feuilles (d'où le surnom de « cabaret des oiseaux »). Et les chardonnerets consomment ses graines. Les bourdons, eux, ce sont ses fleurs dont ils raffolent…

délices

D'ailleurs, pourquoi ne pas planter des ***arbustes à baies*** pour le plaisir de régaler les passereaux ? Ils ne résistent ni à l'amélanchier, ni à l'aronia, ni à la myrtille en arbre…

mangeoires

Placez les mangeoires dans un ***endroit dégagé***, d'où les oiseaux pourront surveiller leurs éventuels prédateurs.

Certains oiseaux préfèrent manger en hauteur, comme les passereaux. D'autres, comme l'accenteur mouchet, ne mange qu'au ras du sol. Prévoyez donc ***plusieurs types*** de mangeoires pour contenter tout le monde !

Quelques ***os de seiche***, accrochés à côté de la mangeoire, seront très appréciés par les oiseaux (du jardin ou en cage) tout au long de l'année, car cela leur apporte des éléments minéraux indispensables à leur bonne santé.

trempette

Placez des ***billes de verre*** au fond de la vasque à oiseaux pour leur faciliter la tâche et éviter tout risque de noyade : ils n'ont besoin que de 3 cm d'eau. Et placez à côté (au soleil) une tuile sur laquelle ils se feront sécher avant de repartir.

pique-assiette

Contre les pigeons, qui jouent les importuns, la solution consiste à disposer les mangeoires ***sous une cage*** à très grosses mailles (10 cm de côté).

pies

Contrairement à une idée répandue, elles ne capturent pas tant de ***petits oiseaux*** que cela. Ceux qui nichent dans les anfractuosités ou les nichoirs ne craignent rien, contrairement à ceux qui fabriquent leur propre nid. Aidez ces derniers en plantant des buissons épineux, comme l'églantine, l'aubépine, le nerprun… Non seulement ils leur fournissent un abri, mais ils portent des baies qui les nourriront. Et puis leur floraison est jolie. Pourquoi s'en priver ?

étourneaux

Pour ***décourager*** les volatiles (étourneaux ou pigeons bizet) de venir nicher tous les soirs dans le même endroit, essayez de les déranger de façon variée. Les oiseaux arrêtent de fréquenter un lieu lorsqu'ils ne s'y sentent plus en sûreté.

collision

Placez des formes d'oiseaux de proie (buse, aigle…) sur les ***parois vitrées*** afin de dissuader les passereaux de s'y cogner.

éloigner

Les oiseaux ne sont pas toujours les bienvenus, surtout lorsque ça lève au ***potager*** ! Protégez les plantules en les couvrant d'une tente de grillage. Si vous avez semé en poquet, posez tout simplement une vielle cage à oiseau (sans fond) dessus.

Contre les oiseaux qui viennent picorer les graines à peine semées, placez de l'***engrais organique*** en granulés à la surface : son odeur repoussante limite leur appétit !
Vous pouvez aussi essayer de ficher des moulins à vent d'enfant, en plastique coloré, pour éloigner les volatiles.

factice

Piquez des ***plumes*** dans une pomme de terre et suspendez-la dans les branches. Cette imitation grossière de volatile peut dissuader quelques grignoteurs de cerises.

Poules et compagnie

ménager

Des ***poules*** et un jardin, cela semble incompatible. Les races naines font très peu de dégât et nettoient efficacement les limaces. Mes préférées : les Bantams de Pékin, petites boules de soie irrésistibles.

amateurs de verdure

S'il s'agit de ***canards***, l'affaire sera délicate. Rien ne résiste à leur bec, et surtout pas les plantes dans le bassin. Dans un grand jardin, on pourra se permettre quelques coureurs indiens. Ces canards légers se tiennent droit, ne cancanent guère, n'aiment pas trop l'eau et égayent le jardin en le parcourant de leur démarche de pingouin ! Un compagnon drôle et attachant qui n'aime que l'herbe.

en liberté

Si vous possédez des poules pondeuses, lâchez-les dans le potager en automne. En grattant la terre, elles prélèvent des ***vers de terre*** et limitent du même coup la pousse des mauvaises herbes ! Et d'ailleurs, pourquoi ne pas prendre en pension les poules de vos voisins le temps de leurs vacances ?

Visiteurs grignoteurs

lapins

Ceux-là, il vaut mieux les tenir à distance ! Entourez préventivement la base des ***jeunes troncs*** avec un grillage contre leurs incisives féroces. Vous pouvez aussi badigeonner les troncs avec de la glu. De la vieille huile de friture peut avoir le même effet, le temps que les plantations grossissent !

barricade

Contre l'intrusion de ces charmantes bestioles dans un jardin, la meilleure solution consiste à l'entourer d'un ***grillage*** classique, mais qui devra être doublé en partie basse d'un autre grillage, plus fin. Pensez à le faire descendre jusqu'à 30 cm de profondeur… Curieusement, un jardin barricadé de grillage n'empêche pas les hérissons d'y venir.

lapin nain

Gardé sous ***cage mobile*** (un panier de grillage renversé), il vous aidera à tondre la végétation là où vous l'installerez en journée. Attention toutefois : il faut prendre garde à ce que Jeannot ne creuse pas un passage. Rentrez-le le soir car il pourrait faire de mauvaises rencontres la nuit !

chevreuils

Craintifs, ils désertent les lieux qui leur paraissent trop habités. Ainsi, de ***vieux vêtements*** imprégnés de transpiration (certes, ce n'est pas ragoûtant !) accrochés dans les buissons au fond du jardin les tiennent à bonne distance.

rongeurs

Mettez vos pots de semis à l'abri de leurs quenottes en les plaçant dans une large coupelle contenant 1 cm d'eau à peine. Les souris ne se risqueront pas à atteindre les pots, comme s'ils se trouvaient sur une ***île*** !

Dans les campagnes, les ***tapettes*** sont indispensables. Prenez le temps de les laver, en les rinçant à l'eau bouillante. Les rongeurs se méfient de l'odeur de leurs congénères qu'elles conservent.

Les ***loirs*** sont bien mignons avec leurs grands yeux noirs, mais ils peuvent causer de considérables dégâts. Prenez donc la peine de placer du grillage sous la queue de vache afin de les empêcher de pénétrer dans la maison par les combles.

Taupes pas top

Trop, c'est trop

Quelques taupinières ne mettent pas le jardin en péril… Pourtant, lorsque le gazon se couvre de dizaines de monticules, c'est la guerre ! On ne peut guère compter sur les ***moyens classiques*** destinés à les effrayer, comme la bouteille plastique fichée sur un piquet ou le fléau de planchettes reliées par une ficelle à un poteau et claquant au vent. Ils peuvent servir au début mais les taupes s'y habituent.

plantes à taupes

L'***incarvilléa*** et l'***épurge*** ont la réputation d'éloigner ces travailleuses du sol. Hélas, cette croyance ne s'est jamais vérifiée. Dans mon jardin, les taupes sans gêne déchaussent les pieds d'épurge que je laisse pulluler en pure perte…

odorat

Pour les chasser d'une zone du jardin, je m'emploie à verser un ***engrais organique*** à base de poisson dans les galeries. L'odeur est insupportable, et cela les tient à distance. Le seul souci, c'est qu'il faut recommencer régulièrement !

Météo, confort et santé

Saints de glace ?

thermomètres

On a coutume de mesurer la température à un mètre du sol, sous abri. Mais ce n'est pas celle-ci que les plantes affrontent. Amusez-vous à placer un indispensable thermomètre à maxima et minima ***sur le sol***, à l'ombre. Vous serez surpris de constater que la température y est toujours plus fraîche de quelques degrés…

Les jardiniers d'antan chérissaient leur « thermomètre de couche », cette version spéciale à ficher en terre comme un piquet et qui indique la température à 30 cm ***sous terre***. C'est un renseignement pourtant utile, car si le sol gèle à cette profondeur, vous saurez qu'il faut choisir des végétaux très rustiques.

canicule

En été, retirez les thermomètres traînant sur les étagères des ***serres***. Il peut y faire si chaud que j'ai déjà vu de tels ustensiles se briser d'eux-mêmes !

mercure

Les thermomètres à mercure sont dangereux car ils ***polluent*** la terre lorsqu'ils se cassent. Dans ce cas, placez la terre souillée dans un seau que vous porterez à une déchetterie en déclarant le problème. Dans la maison, n'aspirez jamais les billes de mercure à l'aspirateur, sous peine de vous intoxiquer. En effet, le mercure se volatilise au contact du moteur et vous le respireriez !

microclimats

Observez bien les endroits où la neige fond en dernier et ceux où les ***gelées blanches*** se forment en premier au petit matin. Vous serez sûr qu'il s'agit des endroits les plus froids du jardin… et que ce n'est pas là qu'il faut créer un potager par exemple !

Il est également intéressant de noter où s'accumulent les ***feuilles mortes*** : à ces endroits, les courants d'air s'affaiblissent et l'endroit est donc plus calme. Idéal pour installer des plantes fragiles, comme un érable du Japon à feuilles très découpées.

dans la Lune

La position de la Lune dans le ciel n'a aucun effet sur les plantes, n'en déplaise à la ***croyance populaire***. Celle-ci est bien ancrée, même s'il n'y a pas la moindre preuve scientifique de ce phénomène…

Le ***halo lunaire***, écharpe blanchâtre qui semble entourer l'astre de la nuit, est en revanche un signe auquel je me fie en hiver. Il indique que le ciel est particulièrement clair et que le risque de gelée est important au petit matin. Ce sera par exemple le moment d'aller calfeutrer un châssis pour la nuit !

humidité

Un hygromètre indique si l'air est saturé d'eau ou pas. Indispensable pour les amateurs d'orchidées et autres plantes d'intérieur sensibles. Au jardin, je laisse traîner une ***pomme de pin*** ou quelques fleurs d'immortelles. Elles s'épanouissent lorsque le temps est sec et se referment par temps humide.

Droit dans ses bottes !

retourner

Enfiler ses bottes et sentir qu'une bestiole s'y cache, quelle surprise ! Une fois, j'y ai même retrouvé un ***crapaud***, bien étonné de ce qui lui arrivait. Alors depuis, je prends la précaution de les entreposer à l'envers. Et j'évite ainsi que les araignées ne viennent y faire leur toile.

enfiler

Si les bottes résistent lorsqu'on cherche à les chausser, essayez d'y mettre du ***talc*** ou employez un sac plastique comme chausse-pied. Il glisse sur le caoutchouc et facilite cette gymnastique.

nettoyer

Si votre terre est argileuse, il sera sage de garder à proximité de la maison un baquet contenant 10 cm d'eau. Vous pourrez ainsi y nettoyer vos chaussures, comme dans un ***pédiluve***.

Laissez à demeure une ***brosse*** munie d'un très long manche : elle vous servira à nettoyer bottes et chaussures en rentrant du jardin. Les ***racloirs*** à ficher dans le sol près du seuil de la maison permettront quant à eux de curer les semelles avant de retirer ses chaussures.

anti-humidité

Après une longue séance de travail, placez les bottes au-dessus d'un radiateur, afin de les faire ***sécher*** rapidement. Ou alors, ventilez-les au sèche-cheveux.

Pour les assainir, enfermez une poignée de ***charbon de bois*** dans un vieux torchon roulé en boule et placez-le tout au fond des bottes.

pas de faux pli

Suspendez les ***vêtements de jardin*** en hiver pour ne pas qu'ils se déforment. Évitez de remiser les plus vieux dans le cabanon… car ils pourraient héberger du monde sans votre accord.

gants

S'ils sont en cuir, passez dessus un chiffon imbibé de vieille ***huile de table***. Ce n'est pas très esthétique, mais cette opération conserve l'élasticité du gant et l'imperméabilise du même coup. Le meilleur produit pour cet usage est la graisse de pied de bœuf, à chercher dans les drogueries à l'ancienne !

Les épais gants en caoutchouc que l'on utilise au jardin sont très pratiques, mais ils prennent une odeur repoussante à cause de la ***transpiration***. Du talc ou mieux, de la poudre de plante aromatique, limitera cet inconvénient.

Avec ce que les ***rongeurs*** me laissent des gants en cuir, je n'ai pas d'autre choix que d'en faire des mitaines !

déodorant

Au fond des ***poches*** de mes vêtements de jardin, il y traîne toujours une foule de choses. Mais le plus agréable reste d'y placer quelques feuilles de plante odorante (lavande, romarin…) car on se parfume les mains !

sève laiteuse

Utilisez de ***vieux vêtements*** pour tailler les végétaux produisant du latex (figuier, euphorbes…) car les taches sont presque indélébiles. Pour essayer de les enlever, frottez l'endroit incriminé avec de ***l'alcool***, voire un peu d'acétone.

Plein le dos ?

position

On ne le répétera jamais assez : pensez à garder une position adéquate. Ne jardinez ***jamais courbé*** mais accroupi, voire assis. Il m'arrive d'improviser un siège de jardin en renversant un seau. Je n'ai peut-être pas l'air fin… mais au moins je préserve mon dos !

sans se baisser

Si vous avez des difficultés à vous baisser, effectuez vos ***semis*** à l'aide d'un tube plastique dans lequel vous laisserez s'écouler les graines.

Effilez la pointe d'un long manche pour effectuer des ***trous de repiquage*** sans avoir à vous pencher, simplement en le plantant dans le sol.

articulations

Lors des longues séances de repiquage, appuyez vos genoux non pas sur la terre, mais sur une ***planchette rembourrée*** avec plusieurs épaisseurs de mousse synthétique.

courbatures

Un exercice simple contre certaines courbatures : ***étirez-vous*** comme pour pousser le ciel pendant 15 secondes, puis poussez loin devant vous, selon la même durée.

Autre exercice : ***croisez les mains*** dans le dos aussi bas que possible, comme pour étirer une imaginaire queue-de-cheval, pendant 10 secondes.

Ça pique, ça brûle !

prévention

Les insectes du jardin ne viennent pas seulement butiner les fleurs : certains ont pour mets préféré la tendre peau du jardinier ! Mais il est possible de s'en protéger. Certaines plantes, souvent bien anodines en apparence, causent parfois de plus ***sérieux méfaits***. À côté des plus vicieuses, l'ortie paraît bien aimable !

tiques

Porter des pantalons et des ***chaussettes*** montantes est à conseiller pour limiter le risque de morsure par les tiques, car elles ne sont pas sensibles aux produits répulsifs. Les risques de mauvaise rencontre sont moindres là où l'herbe est coupée court : les tiques attendent leur victime perchées au bout des hautes herbes !

Si une ***plaque rouge*** apparaît dans les trois semaines au niveau d'une morsure de tique, contactez sans faute un médecin, car ces satanées bestioles véhiculent une maladie pouvant être invalidante.

aoûtats

Seul le port de chaussettes montantes permet de s'en prémunir. Sinon, ***savonnez-vous*** abondamment les chevilles et les mollets après une séance de jardin estivale : les aoûtats n'ont pas encore eu le temps de pénétrer dans la peau.

fourmis

Plus vive que celle de l'ortie, la piqûre de la fourmi est faite de la même substance ! Comme pour une piqûre d'ortie, du ***vinaigre*** tamponné à l'aide d'un coton imbibé calmera la douleur…

insectes volants

Quoi de plus énervant qu'une mouche ou un moustique vous tournant autour avec insistance ? Pour y parer, je pulvérise un ***chapeau*** de coton avec un ***répulsif***. Cela m'évite d'en mettre directement sur la peau ou les habits, et marche très bien !

Dans le même ordre d'idées, évitez que les moustiques n'entrent dans la maison en plaçant un ***rideau de billes de bois*** dans l'embrasure de la porte. Surtout, ne laissez aucune lumière dans les pièces aux fenêtres ouvertes après la tombée du jour. Les plantes aromatiques sur le rebord de la fenêtre ne sont pas d'un grand secours.

désinfecter

Placez une trousse à pharmacie ***dans la remise*** du jardin ou à proximité. On néglige trop souvent de désinfecter une petite blessure !

écharde

Une écharde plantée dans le doigt partira plus facilement si vous humectez beaucoup la peau avec un ***glaçon***. Pressez pour la faire suffisamment ressortir et l'attraper avec une pince à épiler. Si vous n'êtes pas vacciné contre le tétanos, pas de discussion, rendez-vous chez votre médecin !
Le vaccin ne dure que 10 ans, et le temps passe vite…

plantes pelucheuses

Les plantes couvertes de poils se détachant facilement, comme le bouillon blanc (aussi appelé molène) ou le frémontia, peuvent provoquer une gêne respiratoire lorsqu'on les secoue (lors de la taille par exemple).
La gêne est passagère, mais les asthmatiques devront

s'en méfier. En mouillant abondamment le feuillage de telles plantes avant l'entretien, le risque est grandement minimisé. Si vous devez intervenir… faites-le ***après une averse*** !

chambres

Contrairement à une idée répandue, les plantes ne sont pas toxiques dans une chambre : elles émettent bien du gaz carbonique, mais dégagent encore plus ***d'oxygène*** ! De toute façon, les volumes en question sont négligeables et on est censé aérer une chambre régulièrement, voire dormir avec la fenêtre entrouverte. Alors ?

pointes

Coupez l'extrémité des feuilles de ***yucca*** et d'***agave*** afin de ne pas vous blesser sur les longs dards que ceux-ci portent au bout des feuilles.

coupures

Certaines plantes ont des feuilles aiguisées comme des rasoirs. Travailler à main nue dans une touffe d'herbe de la pampa (*Cortaderia*) conduit forcément à sortir la boîte de sparadrap ! Le port des ***gants*** est indispensable. Et si l'on peut reprocher à cet ustensile de faire perdre de la sensibilité au bout des doigts, c'est qu'on le choisit mal : le gant doit envelopper la main, mais pas de façon lâche. Les vieux gants de ville sont parfaits !

orties

C'est un grand classique : on plonge la main pour désherber quelques herbes tendres, et ouille : l'ortie manifeste sa présence ! La douleur disparaîtra plus vite en tamponnant la peau avec un coton imbibé de ***vinaigre***.

berce

Les berces (*Heracleum*), jolies plantes herbacées, sont particulièrement dangereuses pour la peau, surtout s'il s'agit de la berce du Caucase. Il ne faut jamais faire entrer en contact la peau avec la plante, surtout après un bain de soleil, sous peine de souffrir d'inquiétantes ***cloques*** !

taches sur la peau

Certaines plantes ont la faculté de modifier la couleur de la peau, en particulier la ***rue*** (*Ruta*). La sève provoque l'apparition de taches qui ne partiront pas de sitôt ! Seule solution : porter des gants et des vêtements à manches longues lors des travaux sur la plante.

Silence !

protection

Portez un ***casque*** anti-bruit (ou des tampons d'oreille) lors des travaux avec un outil mécanique. Il ne s'agit pas seulement de protéger vos oreilles : c'est aussi un moyen de lutter contre la fatigue, car le bruit diminue la capacité de travail.

fontaines

Dans un autre genre, le ***bruit*** d'une fontaine est rafraîchissant en été… au début ! Réfléchissez bien au risque d'agacement avant d'installer ce genre de décoration, car c'est une source de dépense que l'on peut ensuite regretter !

Des secrets bien gardés

Ce livre est le vôtre. Comme moi,
vous avez sans doute remarqué que
certaines astuces, au jardin, valaient mieux
que les théories les plus complexes.
Vous avez découvert que certains gestes faisaient
merveille, tout en vous simplifiant la vie.
Pour ne pas les oublier, pour penser à les mettre
en pratique au moment voulu, pour nourrir
votre imagination et vous donner envie d'embellir
encore votre jardin, consignez-les au fil des pages
suivantes : elles vous appartiennent…

Coréopsis jaune

Géranium

Aubépine

Nielle

Œillets d'inde

Safran jaune

Pervenche de Rousseau

Zinia

Aconit

Lys Hémérocal

Grand Pavot

Pied d'alouette

Polémoine

Primevère

Genre de Renoncule

Giroflée Jaune

Chrysanthemum

Datura

Arum d'Afrique

Mauve alcée

Vos meilleurs trucs à vous

Au potager

Au verger

AU VERGER

Les plantes aromatiques

LES PLANTES AROMATIQUES

Les fleurs du jardin

Les plantes en pots

LES PLANTES EN POTS

Entretenir le jardin

Soigner les arbres et plantes malades

SOIGNER LES ARBRES ET PLANTES MALADES

SOIGNER LES ARBRES ET PLANTES MALADES

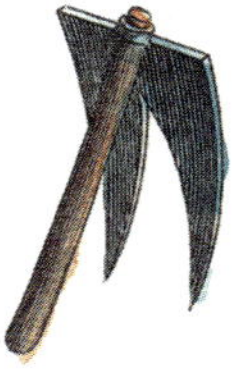

Semer, bouturer, marcotter

SEMER, BOUTURER, MARCOTTER

Conserver et cuisiner

Bien acheter

BIEN ACHETER

Glossaire

Acariens : minuscules ravageurs se développant sur les feuilles par temps sec et chaud, et se repérant au teint grisâtre que prennent les feuilles.

Accélérateur de compostage : produit riche en azote (purin, poudre du commerce) augmentant l'activité de décomposition des matières végétales d'un tas de compost.

Adventice : synonyme savant de « mauvaise herbe ». Désigne aussi les plantes échappées de culture et prolifiques (ex. : impatientes).

Alliacées : désigne tous les cousins de l'ail, du poireau, de l'oignon et de l'échalote. Tous appartiennent au genre botanique *Allium*.

Amender : apporter à la terre un engrais, une substance ou une matière particulière afin de rétablir l'équilibre (chimique ou physique). La matière utilisée est alors appelée « amendement ».

Bassiner : pulvériser de l'eau (non calcaire) pour augmenter l'humidité atmosphérique dont ont besoin nombre de plantes d'intérieur et tropicales (orchidées…).

Bisannuelle : plante (ou organe) ne vivant que deux ans, fleurissant la deuxième année.

Bourrelet : renflement naissant de la rencontre de deux tissus différents, au niveau du point de greffe.

Bouturer : multiplier un végétal en faisant prendre racine à une portion de plante (tige, feuille, racine…).

Branche charpentière : branche principale d'un arbre.

Broussins : nombreuses petites branches naissant le long d'un tronc.

Bulbe : organe de réserve constitué d'écailles charnues, comme chez le lis ou l'oignon.

Butter : ramener la terre au pied d'une plante, soit pour la protéger du froid, soit pour l'inciter à former des racines au pied.

Capitule : fleurs en plateau, comme chez le tournesol ou le dahlia. Sur le plan botanique, ce n'est pas une fleur unique, mais une multitude de petites fleurs accolées.

Capsule : type de fruit sec s'ouvrant à maturité pour laisser échapper les graines.

Cerner : couper les racines à l'aplomb des branches, pour limiter la vigueur d'un arbre ou d'un arbuste, ou bien en vue de sa transplantation.

Chaleur de fond : chaleur douce apportée sous les contenants.

Charmille : nom vernaculaire du charme et, par extension, haie composée de charmes.

Chaton : inflorescence du saule, du noyer et du peuplier en épi pendant.

Chevelu : surnom donné aux fines racines formant une masse épaisse, ressemblant à une chevelure emmêlée.

Chignon : surnom que l'on donne aux racines un peu emmêlées, un peu comme… le chevelu !

Chlorophylle : pigment caractéristique des plantes leur permettant de capter l'énergie de la lumière.

Chlorose : carence en fer caractérisée par des feuilles jaunâtres, fréquente en sol calcaire.

Chute physiologique : chute naturelle d'une partie des jeunes fruits, provoquée par les conditions dans lesquelles pousse l'arbre porteur.

Collet : partie intermédiaire de la plante, située entre les racines et les tiges. Cette partie est renflée chez les arbres greffés car elle constitue la zone ou les tissus des deux variétés se mêlent.

Colonie : large groupe de plantes identiques issues de la prolifération d'un pied (ex. : bambous).

Conduire : fixation d'une plante grimpante sur un support (synonyme de « palisser »).

Cotylédons : premières feuilles d'une plantule (au nombre de 1 ou 2).

Couvre-sol : plante à port étalé et ne laissant pas la terre à nu. Les branches rampant à terre ne s'enracinent pas forcément (ce sont alors des plantes tapissantes).

Crucifère : famille de plantes dont la fleur comporte 4 pétales en croix (giroflée, cresson, choux, radis…).

Cryptogame : nom générique désignant les différents types de champignons et les lichens, issus de la cohabitation d'une algue et d'un champignon.

Cultivar : nom courant désignant une variété (de l'anglais *cultivated variety*) d'une espèce sauvage sélectionnée par l'homme (contrairement aux hybrides qui, eux, sont issus d'un croisement entre espèces).

Damer : égaliser et tasser la terre.

Déchausser : retirer la terre au pied d'une plante. Il peut arriver que les taupes déchaussent une plante, par exemple.

Dégénérescence : épuisement génétique d'une souche, produisant des fleurs plus petites ou plus ternes et se rapprochant du type sauvage. Se rencontre surtout chez les tulipes.

Dormance : état d'une graine ne pouvant germer en période de froid (en l'absence de traitements spéciaux).

Drageon : rejet issu d'une plante, naissant sur racine. Les plantes drageonnantes sont très souvent envahissantes, comme les ailantes ou les robiniers.

Éclaircir : suppression de plantules dans un semis après la levée afin d'en réduire la densité.

Endurcir : accommoder progressivement les plantules aux conditions extérieures.

Engrais de fond : matière organique à décomposition lente que l'on incorpore au pied des plantes afin de les fertiliser en douceur. La corne broyée est l'engrais de fond le plus employé.

Engrais vert : annuelle que l'on sème de façon intercalaire à la suite d'une culture et que l'on enfouit avant qu'elle ne fleurisse, laissant le champ libre à une autre culture.

Espalier : arbre fruitier (souvent pommier ou poirier) conduit selon une forme particulière, en « T », en « Y », en « I » ou en d'autres formes (vase, peigne, etc.).

Étamines : partie mâle d'une fleur, contenant le pollen.

Étiolement : déformation des pousses d'une plante manquant de lumière. Elle s'allonge (on dit aussi qu'elle « file ») et perd sa couleur verte si la lumière manque complètement.

Étouffer : bouturer au chaud dans une atmosphère saturée d'humidité, en plaçant les boutures sous une cloche ou une feuille de plastique.

F1 : type d'hybride (dit hybride F1) souvent plus productives (mais pas toujours plus goûteuses) que les variétés classiques. Elles donnent des graines dont les qualités sont très inférieures aux parents.

Fascié : désigne la déformation d'une tige qui provoque son aplatissement comme une lame et la multiplication des feuilles et des bourgeons.

Fertilisant : désigne une matière ayant le pouvoir d'apporter des éléments nutritifs à la terre, comme les engrais ou le fumier décomposé.

Filer : se dit couramment d'une plante dont les tiges s'étiolent par manque de lumière et s'allongent vers la seule source lumineuse disponible.

Fleur double : désigne la fleur d'un cultivar dont certaines parties sont transformées en pétales, en plus des pétales formés habituellement par la plante dans la nature. On dit aussi parfois « fleur pleine ».

Foliole : subdivision des feuilles composées.

Fongicide : produit du commerce destiné à tuer les champignons parasites des plantes. La bouillie bordelaise est le fongicide le plus courant.

Forçage : traitement thermique d'une plante afin de la faire fleurir très en avance. On force les bulbes de printemps en les mettant au frais en fin d'été, et on force les branches de forsythia à fleurir dans la maison dès le mois de février.

Fructifère : se dit d'une plante ou d'un organe capable de former des fruits, et, par extension, portant des fruits.

Fruit à coque : désigne les noisettes, noix et marrons.

Fruit à noyau : variété fruitière produisant des fruits comportant un seul noyau (ex. : pêcher, prunier…).

Fruit à pépins : variété fruitière portant des fruits aux pépins multiples (ex. : poirier, pommier, vigne…).

Fumagine : couche collante noirâtre sur les feuilles occasionnée par un champignon se développant sur le miellat produit par les cochenilles et les pucerons.

Gourmand : nom commun donné aux drageons.

Haubaner : fixer un arbre à des poteaux afin de le retenir contre le vent et les bourrasques.

Hormones (poudre d') : substance aidant les boutures à produire des racines.

Huile d'hiver : produit de traitement huileux destiné à lutter contre les parasites dormants en les étouffant.

Huile essentielle : substance présente dans les plantes aromatiques et propre à chacune. Le thym et le jasmin contiennent des huiles essentielles différentes.

Hygrométrie : pourcentage d'humidité atmosphérique.

Jauge : conservation temporaire de plantes par plantation sommaire dans du sable pour les protéger du froid et du dessèchement.

Légume ancien : désigne les variétés potagères tombées dans l'oubli, comme le chervis, la poire de terre, le chou vivace…

Légume-racine : légume dont on consomme les racines charnues (ex. : carottes, navets). Se distingue des légumes-feuilles comme les salades et les épinards.

Lianescente : plante grimpante formant des lianes.

Ligneux : se dit de tout organe végétal formant du bois.

Marcotte : multiplication d'une plante en faisant raciner une tige couchée en terre mais restant reliée à la plante d'origine.

Matière inerte : élément non nutritif destiné à améliorer la texture et la porosité d'un mélange de culture. Le sable, le gravier ou la pouzzolane sont des éléments inertes.

Mildiou : maladie fongique courante attaquant les tomates et la vigne, se signalant par des taches huileuses sur les feuilles et les fruits.

Motte : ensemble formé par les racines d'une plante et la terre qui y adhère.

Mycorhize : association d'une racine de plante et d'un champignon, pour le bénéfice des deux partenaires. La truffe est un de ces champignons mais la plupart restent invisibles sous la terre.

Nématode : sorte de minuscule ver vivant dans le sol, invisible à l'œil nu, causant de graves dommages aux racines de certaines plantes. La tomate est la culture la plus sensible aux nématodes.

Nudiflore : qualifie une plante fleurissant à un stade où elle a perdu ses feuilles, comme le jasmin d'hiver (dit aussi jasmin nudiflore).

Œil : nom courant désignant un bourgeon ou une très jeune pousse.

Oligo-éléments : désigne les éléments nutritifs dont les plantes ont besoin en faible quantité mais néanmoins indispensables à leur croissance. Le bore et le zinc sont deux exemples d'oligo-éléments.

Paillis : couche végétale installée au pied d'une plante en vue de limiter l'évaporation et la croissance des mauvaises herbes.

Palisser : accrocher une plante grimpante à un support. On dit aussi « conduire » une plante.

Palmé : se dit d'une feuille possédant des lobes disposés en étoile.

Palmette : au sens strict, arbre mené en forme d'éventail. Plus largement, désigne un arbre fruitier conduit en forme de peigne.

Panaché : feuillage maculé de diverses couleurs, le plus souvent du blanc ou du jaune. Le nom des variétés panachées est souvent « Variegata ».

Panicule : type d'inflorescence en grappe de fleurs, dressée et plus ou moins lâche, comme celle de la fétuque.

Pédoncule : petite tige reliant un fruit ou une fleur à une branche.

Persistant : végétal conservant son feuillage durant l'hiver, dont les feuilles sont généralement épaisses et d'une couleur vert sombre. C'est le cas de toutes les plantes portant le nom « *sempervivens* ».

Pétiole : petite tige reliant une feuille à une branche.

Pincer : supprimer le bourgeon terminal avec les doigts pour forcer une branche à se ramifier.

Poquet : semis par groupes de 3 à 5 graines.

Porte-greffe : variété sélectionnée pour sa vigueur, sur laquelle est greffée une variété particulière.

Pyréthrine : substance insecticide extraite de plantes. À ne pas confondre avec les pyréthrinoïdes, qui sont l'équivalent chimique (de synthèse) des composés naturels. Ces derniers se terminent souvent en -ine : bifenthrine, deltamethrine, etc.

Rabattre : couper une plante à ras.

Racine pivotante : système racinaire pourvu d'une racine principale se développant préférentiellement dans le sens vertical, en profondeur. Le chêne possède une racine pivotante, tout comme… la carotte.

Recépage : opération consistant à couper toutes les branches d'un arbre à ras pour en faire apparaître de nouvelles.

Rejet : pousse nouvelle, souvent synonyme de « drageon ».

Remontante : qualifie une plante dont la floraison se déroule sur une longue période, généralement du printemps jusqu'au début de l'automne. Presque tous les rosiers modernes sont remontants.

Ressuyer : laisser la terre se dessécher jusqu'à ce que l'eau excédentaire ait disparu.

Rhizome : tige souterraine ressemblant à une racine de laquelle émergent directement d'autres tiges ou des feuilles sortant de terre. Les « patates d'iris » et les « racines de bambous » sont en fait des rhizomes.

Rosette : plante dont les feuilles sont disposées en cercles concentriques et plaquées au sol (ex. : joubarbes).

Rustique : qualifie une plante résistant aux hivers froids, même si son allure n'est pas rustique !

Sarmenteux : qualifie une plante formant des sarments, c'est-à-dire de longues tiges souples plus ou moins grimpantes.

Scarifier : action d'éliminer la mousse d'une pelouse par un ratissage sévère (le plus souvent avec un outil spécialisé, appelé « scarificateur »).

Semoir : petit outillage permettant de semer plus régulièrement qu'à la main.

Serfouette : outil de jardin constitué d'un fer plat et aigu, permettant de tracer des sillons.

Sève descendante : désigne la constitution de réserves souterraines par une plante durant l'automne, en vue de passer l'hiver.

Sevrer : processus par lequel un végétal, naturellement ou *via* l'intervention de l'homme, assure sa propre subsistance avec ses racines. On sèvre une marcotte en coupant la tige qui la relie à la plante d'origine.

Stolon : longue pousse émise par une plante pour aller s'enraciner plus loin, comme par exemple chez les fraisiers.

Stratification : conservation de graines dans du sable humide à l'extérieur durant l'hiver, pour les forcer à germer au printemps.

Surfacer : changer la terre d'un pot sur une faible profondeur (en général, 5 à 10 cm), ce qui évite de rempoter complètement la plante (on ne change qu'une partie de la terre).

Systémique : substance agissant dans toutes les parties d'une plante. Seuls quelques produits de traitement du commerce ont une action systémique.

Terre franche : terre de texture équilibrée et convenant à la plupart des espèces, idéalement composée d'une partie d'humus, deux parties de calcaire, quatre parties d'argile et dix parties de sable.

Têtard : façon ancienne de tailler les arbres toujours au même niveau, afin de les forcer à former du bois jeune. Effectuée surtout sur les saules, la taille en têtard crée des arbres devenant de véritables refuges écologiques.

Turion : jeune pousse du bambou ou d'autres plantes à tiges épaisses, émergeant directement du sol.

Virose : maladie provoquée par un virus, se manifestant la plupart du temps sur le feuillage par un motif en damier.

Vivace : se dit d'une plante vivant plusieurs années. Le contraire d'une plante vivace est une plante annuelle ou bisannuelle.

Voile de forçage : toile synthétique posée sur le sol destinée à élever la température de la terre.

Vrillé : se dit d'un tronc (ou d'une branche) tordu sur lui-même sous l'action du vent ou de la neige, le rendant très fragile.

Index

A

B

C

F

G

L

M

N

O

P

T

V

Y

L’auteur

Journaliste horticole spécialisé dans le jardinage « bio », **Jean-Michel Groult** est également un fervent jardinier, depuis sa plus tendre enfance. Botaniste de formation, il écrit dans plusieurs magazines consacrés au jardin, pour lesquels il produit également des clichés. Il est, entre autres, l’auteur de *Jardiner durablement, les solutions bio qui marchent vraiment*, ouvrage qui a été lauréat du prix Saint-Fiacre 2007, décerné par l’Association des journalistes du jardin et de l’horticulture.

Crédits iconographiques
Galerie Jean-Claude Martinez – Kharbine Tapabor

Achevé d’imprimer
en avril 2013
par Gorenjski Tisk Storitve
Slovénie